高等院校财经系列规划教材·财会系列

会计学指导书

（第三版）

张云　孟茜　主编

中国财经出版传媒集团

经济科学出版社

Economic Science Press

图书在版编目（CIP）数据

会计学指导书 / 张云，孟茜主编. —3 版. —北京：经济科学
出版社，2018.8

高等院校财经系列规划教材. 财会系列
ISBN 978 - 7 - 5141 - 9607 - 8

Ⅰ. ①会⋯ Ⅱ. ①张⋯ ②孟⋯ Ⅲ. ①会计学 – 高等学校 –
教学参考资料 Ⅳ. ①F230

中国版本图书馆 CIP 数据核字（2018）第 178657 号

责任编辑：王东萍 程新月
责任校对：郑淑艳
责任印制：李 鹏

会计学指导书 （第三版）

张云 孟茜 主编

经济科学出版社出版、发行 新华书店经销
社址：北京市海淀区阜成路甲 28 号 邮编：100142
教材分社电话：010 – 88191344 发行部电话：010 – 88191522
网址：www. esp. com. cn
电子邮件：espbj3@ esp. com. cn
天猫网店：经济科学出版社旗舰店
网址：http：//jjkxcbs. tmall. com
北京密兴印刷有限公司印装
787 × 1092 16 开 10 印张 210000 字
2018 年 8 月第 3 版 2018 年 8 月第 1 次印刷
ISBN 978 - 7 - 5141 - 9607 - 8 定价：25. 00 元
（图书出现印装问题，本社负责调换。电话：010 – 88191510）
（版权所有 侵权必究 举报电话：010 – 88191586
电子邮箱：dbts@ esp. com. cn）

第三版前言

本书自 2016 年第二次出版后，历时两年。在此期间，财政部在 2014 年修订和新增了 8 项会计准则、1 项准则解释的基础上，近两年又陆续发布了 6 项企业会计准则解释、4 项会计处理规定及 7 项新增和修订的企业会计准则。为适应会计准则的要求，及时将会计理论与会计实务中最新成果融入教材，结合新会计准则实施的契机，我们在本书第二版的基础上，重新进行了修订。

为了提高学生的动手能力、加强实训的力度、提高效率和效果，方便学生练习和自我检测，为各章配套一定的练习题和模拟题，并在书后附有参考答案。本书为天津财经大学全校本科各专业开设的必修课《会计学》和 MBA 开设的必修课《会计学》指定教材的辅助练习教材，并可以作为高等院校非会计专业本科及研究生教材使用，也可作为各级经济管理人员的培训教材和社会助学考试的参考资料。

本书由天津财经大学具有丰富教学和实务经验的教师编写，商学院会计系博士生导师张云博士、教授、孟茜博士、副教授担任主编。本书第一章由张云教授编写，第二章由樊丽莉博士编写，第三章由毕晓方博士、副教授编写，第四章由吴娜博士、副教授编写，第五章由邢维全博士编写，第六章由袁世彤老师编写，第七章由刘朋博士编写，第八章由张孝光博士、副教授编写，第九章由孟茜博士、副教授编写，第十章由高敬忠博士、副教授编写。模拟题一、二由樊丽莉博士编写，模拟题三、四由孟茜博士、副教授编写。虽然我们竭尽全力，但囿于作者水平有限，书中疏漏和不当之处在所难免，恳请读者批评斧正，以求不断进取。

本书在编写过程中得到韩传模教授、张俊民教授、田昆如教授的指导，在此表示感谢！

天津财经大学《会计学》编写组

2018 年 7 月 6 日

第二版前言

  《会计学指导书》是《会计学》教材的配套教材。本书自 2014 年出版后，历时两年有余。在此期间，财政部修订和新增了 7 项会计准则、一项准则解释，包括：《企业会计准则第 2 号——长期股权投资》、《企业会计准则第 9 号——职工薪酬》、《企业会计准则第 30 号——财务报表列报》、《企业会计准则第 33 号——合并财务报表》，新发布了《企业会计准则第 39 号——公允价值计量》、《企业会计准则第 40 号——合营安排》、《企业会计准则第 41 号——在其他主体中权益的披露》、《企业会计准则解释第 7 号》（2015 年 11 月 4 日颁布），是继 2006 年会计准则修订后的又一次大规模修订。此次修订进一步完善了会计准则体系，提高了财务报告的质量和会计信息的透明度。

  我们在《会计学指导》第一版的基础上，结合新会计准则实施的契机，对本书重新进行了修订。为了提高学生的动手能力、加强实训的力度、提高效率和效果，方便学生练习和自我检测，为各章配套一定的练习题和模拟题，并在书后附有参考答案。本书为天津财经大学全校本科各专业开设的必修课《会计学》和 MBA 开设的必修课《会计学》指定教材的辅助练习教材，并可以作为高等院校非会计专业本科及研究生教材使用，也可作为各级经济管理人员的培训教材和社会助学考试的参考资料。

  本书由天津财经大学具有丰富教学和实务经验的教师编写，商学院会计系博士生导师张云博士、教授、孟茜博士、副教授担任主编。本书第一章由张云教授编写；第二章由樊丽莉博士编写；第三章由毕晓方博士、副教授编写；第四章由吴娜博士、副教授编写；第五章由邢维全博士编写；第六章由孟茜、袁世彤老师编写；第七章由刘朋博士编写；第八章由张孝光博士、副教授编写；第九章由孟茜博士，副教授编写；第十章由高敬忠博士编写。虽然我们竭尽全力，但囿于作者水平有限，书中疏漏和不当之处在所难免，恳请读者批评斧正，以求不断进取。

  本书在编写过程中得到韩传模教授、张俊民教授、田昆如教授的悉心指导，在此表示感谢！

天津财经大学《会计学》编写组

2016 年 1 月

目　　录

下篇　财务会计篇

上篇　会计基础篇

第一章

总　　论

一、单项选择题（每题只有一个答案是正确的；将正确答案对应的字母填入括号）

1. 会计是随着生产的发展和管理的需要而产生和发展的，最初的会计只是（　　）。

    A. 管理职能   B. 生产职能

    C. 生产职能的附带部分   D. 独立于生产职能之外的一项工作

2. 近代会计的主要标志是（　　）。

    A. 复式记账   B. 以货币为主要计量单位

    C. 会计记录的内容逐渐丰富   D. 从生产职能中分离出来成为独立的职能

3. 会计以（　　）为主要计量单位。

    A. 货币   B. 以实物量度

    C. 以实物量度和货币量度   D. 以劳动量度

4. 企业的会计对象是（　　）。

    A. 扩大再生产过程的资金运动   B. 企业生产经营过程

    C. 企业的生产过程   D. 企业的资金运动

5. 用于确定会计确认、计量和报告的空间范围的会计假设是（　　）。

    A. 会计主体   B. 持续经营

    C. 会计分期   D. 货币计量

6. 持续经营会计假设的意义是（　　）。

    A. 选择会计的计量基础

    B. 界定会计核算的计量单位

    C. 解决资产定价、负债清偿和收益确认的问题

    D. 界定会计核算的空间范围

7. 用于确定会计核算时间范围的会计假设是（　　　）。

　　A. 持续经营　　　B. 会计分期　　　C. 会计主体　　　D. 货币计量

8. 企业应当以实际发生的交易或事项为依据进行确认、计量和报告，这是会计信息（　　　）的质量要求。

　　A. 可靠性　　　B. 重要性　　　C. 谨慎性　　　D. 可比性

9. 同一企业在不同会计期间应当提供相互可比会计信息的要求是会计信息质量要求的（　　　）。

　　A. 可靠性　　　B. 可比性　　　C. 相关性　　　D. 重要性

10. 不高估资产或收益，不低估负债或费用要求是会计信息质量要求的（　　　）。

　　A. 谨慎性　　　B. 实质重于形式　C. 相关性　　　D. 可靠性

11. 企业将融资租入固定资产确认为资产要素，符合（　　　）会计信息质量的要求。

　　A. 相关性　　　B. 可比性　　　C. 谨慎性　　　D. 实质重于形式

12. 对企业资产计提减值准备体现了（　　　）会计信息质量的要求。

　　A. 相关性　　　B. 实质重于形式　C. 谨慎性　　　D. 及时性

13. 企业进行会计确认、计量和报告的基础是（　　　）。

　　A. 收付实现制　B. 权责发生制　　C. 会计分期　　　D. 货币计量

14. 企业设置账户、复式记账等的理论依据是（　　　）。

　　A. 会计准则　　　B. 会计基本假设　C. 会计法规　　　D. 会计恒等式

15. 下列项目中，属于流动资产的是（　　　）。

　　A. 应付职工薪酬　　　　　　B. 无形资产
　　C. 在途物资　　　　　　　　D. 资本公积

16. 会计目标的两种学术观点包括（　　　）。

　　A. 决策有用观与受托责任观　　B. 决策有用观与信息系统观
　　C. 信息系统观与受托责任观　　D. 管理活动观与决策有用观

17. 下列项目中，属于非货币资金的是（　　　）。

　　A. 库存现金　　　B. 应收票据　　　C. 银行存款　　　D. 其他货币资金

18. 下列项目中，属于流动负债的是（　　　）。

　　A. 预付账款　　　B. 长期借款　　　C. 短期借款　　　D. 应付债券

19. 企业所拥有的资产一部分属于投资者的权益，另一部分属于（　　　）的权益。

　　A. 企业员工　　　B. 债权人　　　C. 债务人　　　D. 企业法人

20. 下列项目中不属于所有者权益的是（　　　）。

　　A. 实收资本　　　B. 长期股权投资　C. 未分配利润　　D. 盈余公积

21. 所有者权益是企业的所有者对企业（　　　）的权益。

　　A. 非流动资产　B. 固定资产　　　C. 总资产　　　D. 净资产

22. 下列项目中，属于狭义收入范畴的是（　　）。

　　A. 罚款收入　　　B. 盘盈固定资产　C. 销售产品收入　D. 债务重组利得

23. 下列项目中，属于费用要素范畴的是（　　）。

　　A. 广告费用　　　　　　　　　B. 固定资产清理费用

　　C. 产品制造费用　　　　　　　D. 债务重组损失

24. 资产、负债和所有者权益三项会计要素反映企业（　　）。

　　A. 一定时点的经营成果　　　　B. 一定时点的财务状况

　　C. 一定时期的经营成果　　　　D. 一定时期的财务状况

25. 一项经济业务的发生，如果涉及资产和负债两个方面有关项目的金额发生变动时，则会计等式两边的金额（　　）。

　　A. 一方增加，一方减少　　　　B. 只会减少

　　C. 同增同减　　　　　　　　　D. 只会增加

二、多项选择题（每题至少有两个答案是正确的；将正确答案对应的字母填入括号）

1. 会计主要特点包括（　　）。

　　A. 以货币为主要计量单位　　　B. 以实物量度为主要计量单位

　　C. 采用专门的方法　　　　　　D. 会计核算与会计监督

　　E. 具有全面性、连续性和系统性

2. 会计基本职能包括（　　）。

　　A. 参与经营决策　　　　　　　B. 进行会计核算

　　C. 实施会计监督　　　　　　　D. 预测经济前景

　　E. 分析和考评

3. 下列组织中，可以作为会计主体的有（　　）。

　　A. 企业集团　　　　　　　　　B. 股份制企业

　　C. 独资企业　　　　　　　　　D. 子公司

　　E. 合伙企业

4. 会计基本假设包括（　　）。

　　A. 持续经营　　　　　　　　　B. 收付实现制

　　C. 会计主体　　　　　　　　　D. 货币计量

　　E. 会计分期

5. 下列各项目中，属于会计信息质量要求的有（　　）。

　　A. 配比　　　　　　　　　　　B. 可靠性

　　C. 实质重于形式　　　　　　　D. 谨慎性

　　E. 权责发生制

6. 可比性信息会计质量要求是指（   ）。

    A. 同一会计期间同一会计主体的会计信息要有可比性

    B. 同一会计期间不同会计主体的会计信息要有可比性

    C. 不同会计期间不同会计主体的会计信息要有可比性

    D. 不同会计期间同一会计主体的会计信息要有可比性

    E. 任何会计期间任何会计主体的会计信息要有可比性

7. 体现谨慎性信息质量要求的会计处理方法有（   ）。

    A. 应收账款计提坏账准备   B. 固定资产折旧方法的选择

    C. 存货发出计价方法的选择   D. 长期股权投资采用权益法核算

    E. 各类资产计提减值准备

8. 企业对于已经发生的交易或者事项，应当（   ）才符合及时性信息质量要求。

    A. 及时收集会计信息   B. 及时加工处理会计信息

    C. 按照要求编制会计凭证   D. 分类登记会计账簿

    E. 及时报告会计信息

9. 会计中期包括（   ）。

    A. 年度   B. 半年度

    C. 月度   D. 季度

    E. 会计年度内的某一期间

10. 会计确认的主要标准包括（   ）。

    A. 可判定性   B. 可定义性

    C. 可确认性   D. 可计量性

    E. 可获利性

11. 我国《企业会计准则》中规定的会计计量属性有（   ）。

    A. 历史成本   B. 重置成本

    C. 可变现净值   D. 现值

    E. 公允价值

12. 下列各项中，符合权责发生制要求的有（   ）。

    A. 凡是在本期已经实现的收入，无论其款项是否收到，均应作为本期收入

    B. 凡是本期已经发生的费用，无论其款项是否支付，均应作为本期费用

    C. 凡是在本期已经收到的款项，均应作为本期收入

    D. 凡是在本期已经支付的款项，均应作为本期费用

    E. 凡是在本期未收到的款项或未支付的费用，均不应作为本期收入或本期费用

13. 会计核算方法包括（   ）。

    A. 编制会计报表   B. 成本计算及财产清查

  C. 填制审核会计凭证及登记账簿   D. 复式记账法

  E. 设置会计科目和账户

14. 下列公式中，不属于会计等式的有（   ）。

  A. 资产 = 负债 + 所有者权益

  B. 收入 – 费用 + 利得 – 损失 = 利润

  C. 本期借方发生额 = 本期贷方发生额

  D. 借方余额 = 贷方余额

  E. 期初余额 + 本期增加额 – 本期减少额 = 期末结存额

15. 下列各项中，反映企业财务状况的会计要素有（   ）。

  A. 资产   B. 费用

  C. 负债   D. 所有者权益

  E. 利润

16. 资产满足下列（   ）条件之一的，可划分为流动资产。

  A. 预期在一个正常营业周期中变现、出售或耗用

  B. 主要为交易目的而持有

  C. 预计在一年内（含一年）变现

  D. 性质为货币性

  E. 自资产负债表日起一年内，交换其他资产或清偿负债的能力不受限制的现金或
   现金等价物

17. 流动负债应满足的条件有（   ）。

  A. 自资产负债表日起一年内到期应予以清偿

  B. 主要为交易目的而持有

  C. 有清偿债务的系统计划

  D. 预计在一个正常营业周期中清偿

  E. 企业无权自主地将清偿推迟至资产负债表日后一年以上

18. 下列项目中，属于资产的有（   ）。

  A. 库存商品   B. 固定资产

  C. 预付账款   D. 资本公积

  E. 预收账款

19. 下列项目中，属于流动资产的有（   ）。

  A. 银行存款   B. 工程物资

  C. 应收票据   D. 库存商品

  E. 库存现金

20. 下列项目中，属于负债的有（   ）。
    A. 预付账款   B. 应付职工薪酬
    C. 短期借款   D. 预收账款
    E. 资本公积

21. 关于会计基本职能的关系，下列表述正确的有（   ）。
    A. 会计核算是会计监督的基础
    B. 会计监督是会计核算质量的保障
    C. 会计核算与会计监督是相辅相成、辩证统一的关系
    D. 没有监督职能，不能为会计信息的真实性和可靠性提供保证
    E. 没有核算职能提供可靠信息，监督职能就没有客观依据

22. 下列项目中，属于非流动负债的有（   ）。
    A. 工程物资   B. 长期股权投资
    C. 长期借款   D. 应付债券
    E. 长期应付款

23. 下列项目中，属于所有者权益的有（   ）。
    A. 本年利润   B. 未分配利润
    C. 资本公积   D. 实收资本
    E. 盈余公积

24. 下列项目中，属于收入要素范畴的有（   ）。
    A. 主营业务收入   B. 利息收入
    C. 处置固定资产利得   D. 租金收入
    E. 其他业务收入

25. 下列项目中，属于费用要素范畴的有（   ）。
    A. 其他业务成本   B. 主营业务成本
    C. 营业外支出   D. 销售费用
    E. 债务重组损失

26. 企业利润的确认，主要依赖于（   ）的确认。
    A. 权益   B. 收入
    C. 费用   D. 利得
    E. 损失

27. 下列损益项目中，构成营业利润的项目有（   ）。
    A. 主营业务收入   B. 资产减值损失
    C. 营业税金及附加   D. 投资收益
    E. 营业外支出

三、判断题（判断每题的陈述正确与否：如果正确，在题目的括号中划"√"；如果错误，在题目的括号中划"×"）

1. 货币是会计唯一的计量单位。 （ ）

2. 法律主体都可作为会计主体，但是会计主体不一定是法律主体。 （ ）

3. 会计的基本职能除核算和监督职能外，还应包括决策职能。 （ ）

4. 会计主体界定了会计核算的空间范围，一个企业可以有一个或若干个会计主体。 （ ）

5. 币值稳定是货币计量假设的一个重要含义。 （ ）

6. 在可比性会计信息质量要求下，同一企业在不同的会计期间或不同企业在同一会计期间相同或相似的交易或事项采用的会计处理方法应当保持一致，任何情况下都不得改变。 （ ）

7. 会计确认就是对企业的交易或事项是否发生而进行的判断。 （ ）

8. 企业进行计量时，一般采用历史成本；如果采用其他的计量属性，应保证所确定的会计要素金额能够可靠计量。 （ ）

9. 收付实现制是以应收应付为基础进行会计确认、计量和报告。 （ ）

10. 如果某一项资源预期不能为企业带来经济利益，即使为企业拥有或控制，也不能将其确认为企业的资产。 （ ）

11. 所有者权益是指企业所有者对企业资产的所有权。 （ ）

12. 收入一定会使企业的资产增加。 （ ）

13. 所有者投入资本会导致经济利益流入企业，可以作为收入加以确认。 （ ）

14. 企业交纳的税费属于非日常活动中形成的经济利益的流出，性质为损失。 （ ）

15. 企业向投资者分派的利润导致了所有者权益的减少，应作为费用确认。 （ ）

16. 利得是由企业非日常活动形成的，应当计入营业收入。 （ ）

17. 损失是由企业非日常活动形成的，会导致所有者权益减少，应当冲减所有者权益。 （ ）

18. 企业发生的任何经济业务，都不会破坏会计等式的平衡关系。 （ ）

四、简答题

1. 会计的基本职能是什么？会计两大基本职能之间的关系如何？

2. 什么是会计要素？我国企业会计准则中对会计要素是如何划分的？

3. 什么是会计等式？会计等式的意义？

4. 什么是会计核算的基本前提？会计核算的基本前提包括的内容？

5. 什么是会计信息质量特征？它包括哪些内容？

6. 权责发生制与收付实现制在收入与费用的确认与计量方面有何区别？

7. 会计要素的计量属性有哪些？

8. 我国会计法律规范的层次、内容？

参考答案

一、单项选择题

1. C　　2. A　　3. A　　4. D　　5. A　　6. C　　7. B　　8. A　　9. B　　10. A

11. D　　12. C　　13. B　　14. D　　15. C　　16. A　　17. B　　18. C　　19. B　　20. B

21. D　　22. C　　23. A　　24. B　　25. C

二、多项选择题

1. ACE　　　　2. BC　　　　3. ABCDE　　　4. ACDE　　　5. BCD　　　　6. BD

7. ABCE　　　8. ABE　　　9. BCDE　　　10. BD　　　　11. ABCDE　　12. AB

13. ABCDE　　14. CDE　　15. ACD　　　16. ABCE　　　17. ABDE　　18. ABC

19. ACDE　　20. BCD　　21. ABCDE　　22. CDE　　　23. ABCDE　　24. ABDE

25. ABD　　　26. BCDE　　27. ABCD

三、判断题

1. ×　　2. √　　3. ×　　4. √　　5. √　　6. ×　　7. ×　　8. √　　9. ×　　10. √

11. ×　　12. ×　　13. ×　　14. ×　　15. ×　　16. ×　　17. ×　　18. √

四、简答题（略）

第二章

会计科目与账户

一、单项选择题（每题只有一个答案是正确的；将正确答案对应的字母填入括号）

1. 会计科目按照其所（　　）不同，分为总分类科目和明细分类科目。
   - A. 反映的会计对象
   - B. 反映的经济业务
   - C. 归属的会计要素
   - D. 提供信息的详细程度及统驭关系

2. "长期待摊费用"科目按照所归属的会计要素不同，属于（　　）。
   - A. 资产类
   - B. 负债类
   - C. 所有者权益类
   - D. 损益类

3. "本年利润"科目按照所归属的会计要素不同，属于（　　）。
   - A. 资产类
   - B. 负债类
   - C. 所有者权益类
   - D. 成本类

4. "资本公积"科目按照所归属的会计要素不同，属于（　　）。
   - A. 资产类
   - B. 负债类
   - C. 所有者权益类
   - D. 成本类

5. "管理费用"科目按照所归属的会计要素不同，属于（　　）。
   - A. 资产类
   - B. 负债类
   - C. 所有者权益类
   - D. 损益类

6. "制造费用"科目按照所归属的会计要素不同，属于（　　）。
   - A. 损益类
   - B. 负债类
   - C. 所有者权益类
   - D. 成本类

7. 下列属于损益类的是（　　）。
   - A. 生产成本
   - B. 销售费用
   - C. 制造费用
   - D. 利润分配

8. 账户是根据（　　）设置的，具有一定格式和结构，用于分类反映会计要素增减变动情况及其结果的载体。
   - A. 会计要素
   - B. 会计对象
   - C. 会计科目
   - D. 会计信息

9. 一个账户的增加发生额与该账户的期末余额一般应该在该账户的（　　）。
   - A. 借方
   - B. 贷方
   - C. 相同方向
   - D. 相反方向

10. 有关账户表述不正确的是（   ）。

     A. 账户是根据会计科目设置的，没有格式和结果

     B. 设置账户是会计核算的重要方法之一

     C. 账户一方记增加发生额，另一方记减少发生额

     D. 账户中登记的本期增加金额及本期减少金额统称为本期发生额

二、多项选择题（每题至少有两个答案是正确的；将正确答案对应的字母填入括号）

1. 有关会计科目和账户的关系正确的有（   ）。

     A. 两者口径一致，性质相同

     B. 账户是设置会计科目的依据

     C. 没有账户，就无法发挥会计科目的作用

     D. 会计科目不存在结构，而账户具有一定的格式和结构

     E. 会计科目有层次之分，而账户没有

2. 下列选项中构成调整与被调整类账户的有（   ）。

     A. 在建工程   B. 累计折旧

     C. 待处理财产损溢   D. 固定资产

     E. 坏账准备

3. 下列选项中，属于损益类会计科目的有（   ）。

     A. 财务费用   B. 长期待摊费用

     C. 生产成本   D. 主营业务收入

     E. 投资收益

4. 下列账户不属于损益类的有（   ）。

     A. 制造费用   B. 主营业务收入

     C. 财务费用   D. 主营业务成本

     E. 生产成本

5. 账户中的金额包括（   ）。

     A. 期初余额   B. 增加发生额

     C. 减少发生额   D. 期末余额

     E. 科目编号

6. 以下有关明细分类科目的表述中，正确的有（   ）。

     A. 明细分类科目也称一级会计科目

     B. 明细分类科目是对总分类科目作进一步分类的科目

     C. 明细分类科目是对会计要素具体内容进行总括分类的科目

     D. 明细分类科目是能提供更加详细更加具体会计信息的科目

     E. 原材料的二级明细分类科目比三级明细分类科目能提供更具体的原材料信息

7. 下列会计科目中，属于成本类科目的有（　　　）。

    A. 生产成本   B. 主营业务成本

    C. 制造费用   D. 销售费用

    E. 其他业务成本

8. 关于总分类会计科目与明细分类会计科目表述正确的有（　　　）。

    A. 明细分类会计科目概括地反映会计对象的具体内容

    B. 总分类会计科目详细地反映会计对象的具体内容

    C. 总分类会计科目对明细分类科目具有控制作用

    D. 明细分类会计科目是对总分类会计科目的详细说明

    E. 总分类会计科目与明细分类会计科目反映的对象一致

9. 下列项目中，属于所有者权益类科目的有（　　　）。

    A. 实收资本   B. 盈余公积

    C. 利润分配   D. 本年利润

    E. 股本

10. 下列各项中反映企业经营成果的会计科目有（　　　）。

    A. 投资收益   B. 主营业务收入

    C. 资本公积   D. 主营业务成本

    E. 营业外支出

三、判断题（判断每题的陈述正确与否：如果正确，在题目的括号中划"√"；如果错误，在题目的括号中划"×"）

1. 会计科目不能记录经济业务的增减变化及结果。　　　　　　　　　（　　　）

2. 在不违反国家统一会计制度的前提下明细会计科目可以根据企业内部管理的需要自行制定。　　　　　　　　　　　　　　　　　　　　　　　　　　　　（　　　）

3. 总分类科目与其所属的明细分类科目的核算内容相同，所不同的是前者提供的信息比后者更加详细。　　　　　　　　　　　　　　　　　　　　　　　　　（　　　）

4. 总分类科目与其所属的明细分类科目的核算内容相同，所不同的是前者提供的信息比后者更加总括。　　　　　　　　　　　　　　　　　　　　　　　　　（　　　）

5. 会计科目和账户相比，会计科目不存在结构问题，而账户必须具有一定的结构，用以登记经济业务。　　　　　　　　　　　　　　　　　　　　　　　　　（　　　）

6. "固定资产"账户是抵减调整类账户，"累计折旧"账户是被调整账户，两个账户的余额相抵减后的结果反映固定资产的账面价值。　　　　　　　　　　　　（　　　）

7. 属于负债结算账户的主要有："应付账款"、"其他应付款"、"短期借款"、"预付账款"等。　　　　　　　　　　　　　　　　　　　　　　　　　　　　　（　　　）

8. 在抵减调整账户中，被调整账户的余额为借方时，调整账户的余额必然在贷方。（　　　）

9. "应收账款"、"库存商品"、"其他应收款"、"应付职工薪酬"、"应付股利"等账户同属于结算类账户。 （　　）

10. 账户的发生额包括增加发生额、减少发生额、期末余额和期初余额。 （　　）

四、简答题

1. 简述账户发生额、余额的含义。

2. 简述账户发生额和余额之间的关系。

3. 简述会计账户与科目之间的关系。

五、计算题

某企业：

月初，"固定资产"账户的余额是100万元，"累计折旧"账户的余额是12万元。

本月，"累计折旧"的增加发生额为0.8万元。

要求：

（1）计算固定资产的期初账面价值。

（2）计算固定资产的期末账面价值。

参考答案

一、单项选择题

1. D　　2. A　　3. C　　4. C　　5. D　　6. D　　7. B　　8. C

9. C　　10. A

二、多项选择题

1. ACD　　2. BD　　3. ADE　　4. AE　　5. ABCD　　6. BD　　7. AC

8. CDE　　9. ABCDE　　10. ABDE

三、判断题

1. √　　2. √　　3. ×　　4. √　　5. √　　6. ×　　7. ×　　8. √　　9. ×

10. ×

四、简答题

1. 账户发生额是指，账户本期发生的增加额和减少额，表示本期某一特定经济内容发生的增减变动。

账户的余额是指，某一特定经济内容发生增减变动的结果。账户的余额按表示的时间不同，又分为期初余额（opening balance）和期末余额（closing balance）。期末余额是本期增加变动的结果，同时也是下一期的期初余额。

2. 账户的发生额和余额的关系是：期末余额＝期初余额＋本期增加额－本期减少额

3. 会计账户与会计科目的关系是：

（1）联系：

会计科目与账户都是对会计要素具体内容进行的分类。

会计科目是账户的名称，也是设置账户的依据，会计科目决定着账户核算内容的性质，因此，两者核算内容的性质是一致的，账户是会计科目的具体运用。

（2）区别：

会计科目没有结构，只规定了核算的经济内容的性质；而账户具有一定的格式和结构，用来记录某一特定经济内容的增减变化及其变化的结果。通过账户的记录，能提供动态和静态的指标。

五、计算题

（1）$100 - 12 = 88$（万元）

（2）$100 - (12 + 0.8) = 87.2$（万元）

第三章

借贷记账法

一、单项选择题（每题只有一个答案是正确的；将正确答案对应的字母填入括号）

1. 复式记账法对每项经济业务都以相等的金额，在（　　）中进行登记。
    A. 一个账户
    B. 两个账户
    C. 全部账户
    D. 两个或两个以上的账户

2. 账户余额一般与（　　）在同一方向。
    A. 增加额　　　　B. 减少额　　　　C. 借方发生额　　　D. 贷方

3. 收入类账户的结构与所有者权益类账户的结构（　　）。
    A. 完全一致　　　B. 相反　　　　C. 基本上相同　　　D. 无关

4. 下列会计分录中，属于简单分录的有（　　）的会计分录。
    A. 一借一贷　　　B. 一借多贷　　　C. 一贷多借　　　D. 多借多贷

5. 存在着对应关系的账户，称为（　　）。
    A. 关联账户　　　B. 平衡账户　　　C. 恒等账户　　　D. 对应账户

6. "生产成本"账户期初余额 2 000 元，本期借方发生额 7 000 元，贷方发生额 8 000 元，该账户期末余额是（　　）元。
    A. 3 000　　　　B. 2 000　　　　C. 1 000　　　　D. 无余额

7. 下列经济业务使资产权益同增的是（　　）。
    A. 接受外单位捐赠设备一台，同类资产市价 5 000 元（不考虑所得税因素）
    B. 用银行存款预付进货款 3 000 元
    C. 用一项账面余额 60 000 元的专利权对外投资
    D. 将资本公积 20 000 元转增资本

8. 费用类账户期末应（　　）。
    A. 一般没有余额
    B. 借方余额
    C. 贷方余额
    D. 借贷方均有可能存在余额

9. "短期借款"账户期初余额 5 000 元，本期借方发生额 6 000 元，贷方发生额 10 000 元，该账户期末余额是（　　）元。
    A. 11 000　　　　B. 9 000　　　　C. 1 000　　　　D. 无余额

10. 企业用银行存款偿还短期借款，在借贷记账法下影响（　　）。

    A. 会计等式左边会计要素一增一减

    B. 会计等式右边会计要素一增一减

    C. 会计等式两边会计要素同增

    D. 会计等式两边会计要素同减

二、多项选择题（每题至少有两个答案是正确的；将正确答案对应的字母填入括号）

1. 借贷记账法下的试算平衡公式有（　　）。

    A. 借方科目金额 = 贷方科目金额

    B. 借方期末余额 = 借方期初余额 + 本期借方发生额 − 本期贷方发生额

    C. 全部账户借方发生额合计 = 全部账户贷方发生额合计

    D. 全部账户借方余额合计 = 全部账户贷方余额合计

2. 下列错误中（　　）不能通过试算平衡发现。

    A. 某项经济业务未入账

    B. 应借应贷的账户中借贷方向颠倒

    C. 借贷双方同时多计了经济业务的金额

    D. 借贷双方中一方多计金额，一方少计金额

3. 每一笔会计分录都包括（　　）。

    A. 对应账户　　　　B. 记账符号　　　　C. 金额　　　　D. 账户余额

4. 期末结转到"本年利润"账户借方的发生额有（　　）账户。

    A. 主营业务收入　　　　　　　B. 主营业务成本

    C. 所得税费用　　　　　　　　D. 销售费用

5. 下列经济业务中，引起资产一增一减的有（　　）。

    A. 以银行存款购买设备　　　　B. 从银行提取现金

    C. 以银行存款购买债券　　　　D. 以银行存款偿还所欠货款

6. 借贷记账方法的基本内容包括（　　）。

    A. 记账符号　　　　B. 账户结构　　　　C. 记账规则　　　　D. 试算平衡

7. 债权债务结算类账户的借方发生额表示（　　）。

    A. 债权增加额　　B. 债务增加额　　C. 债权减少额　　D. 债务减少额

8. 以下账户期末一般有余额的有（　　）。

    A. 资产类　　　　　　　　　　B. 负债类

    C. 所有者权益类　　　　　　　D. 费用类

9. 以下账户增加记贷方的有（　　）。

    A. 资产类　　　　　　　　　　B. 负债类

    C. 所有者权益类　　　　　　　D. 收入类

10. 下列经济业务中，引起会计等式两边同时变化的有（　　）。

    A. 接受出资人投资   B. 从银行提取现金

    C. 以银行存款购买债券   D. 以银行存款偿还所欠货款

三、判断题（判断每题的陈述正确与否：如果正确，在题目的括号中划"√"；如果错误，在题目的括号中划"×"）

1. "借"、"贷"二字不仅是作为记账符号，其本身的含义也应考虑，"借"只能表示债权增加，"贷"只能表示债务增加。（　　）

2. 借贷记账法要求：如果在一个账户中记借方，在另一个或几个账户中也一定记借方。（　　）

3. 通过试算平衡检查账簿记录后，若左右平衡就可以肯定记账没有错误。（　　）

4. 账户的余额，以及增加、减少记在账户的借方还是贷方，取决于账户本身的性质。（　　）

5. 复式记账法的理论依据是会计恒等式。（　　）

四、简答题

1. 什么是借贷记账法？简述借贷记账法的基本内容。

2. 什么是会计分录？会计分录构成的要素有哪些？会计分录有几种？

五、业务题

（一）

目的：掌握会计分录的编制。

资料：2013 年 1 月份安意达公司发生下列经济业务（不考虑增值税）。

1. 1 日，为满足资金周转需要，向银行借款 50 000 元，期限为 6 个月。

2. 3 日，购入甲材料 3 000 千克，每千克 15 元，已通过银行付款，材料已验收入库。

3. 6 日，收到投资人安胜公司新投入的货币资金 100 000 元，已存入银行。

4. 9 日，销售乙产品 800 台，每台 300 元，已通过银行收款。

5. 11 日，零星开支需要，从银行提取现金 5 000 元。

6. 16 日，通过银行收到允旺公司前欠货款 30 000 元。

7. 20 日，职工方强出差，预借差旅费 2 000 元，以现金支付。

8. 26 日，通过银行支付前欠经泰公司购货款 20 000 元。

9. 30 日，用银行存款购买不需要安装的设备一台，价值 60 000 元。

10. 31 日，结转已销商品成本 150 000 元。

11. 31 日，将本期实现的销售收入 240 000 元、销售成本 150 000 元结转到"本年利润"账户。

要求：根据以上经济业务编制会计分录。

（二）

1. 目的：掌握账户的设置、过账、结账。

资料：安意达公司有关资料如下：

金额单位：元

库存现金	3 000	应付账款	30 000
银行存款	20 000	短期借款	30 000
应收账款	60 000	应付利息	3 000
原材料	50 000	实收资本	550 000
库存商品	180 000		
固定资产	300 000		
合　　计	613 000	合　　计	613 000

2. 该企业本期发生的经济业务见练习一。

要求：

（1）根据期初余额设置"丁"字账户。

（2）根据练习一编制的会计分录登记"丁"字账户。

（三）

目的：掌握试算平衡表的编制。

资料：见练习二账户资料。

要求：

（1）编制本期发生额试算平衡表。

（2）编制余额试算平衡表。

（四）

目的：掌握会计分录的编制和试算平衡表的编制。

资料：东丰有限责任公司是一个零售商业企业，该企业期初余额见下表：

本期该企业发生下列经济业务：

1. 该企业接受了2 000 000元的投资，投资款已存入银行。

2. 该企业从银行存款中提取现金20 000元备用。

账户期初余额表　　　　金额单位：元

会计科目	借方余额	会计科目	贷方余额
库存现金	5 000	应付账款	32 000
银行存款	30 000	应付利息	2 000
应收账款	20 000	本年利润	40 000
其他应收款	2 000	实收资本	346 000
库存商品	160 000		
固定资产	203 000		
合　　计	420 000	合　　计	420 000

本期该企业发生下列经济业务：

1. 该企业接受了 2 000 000 元的投资，投资款已存入银行。

2. 该企业从银行存款中提取现金 20 000 元备用。

3. 该企业购买了电脑、复印机、打印机、收银机等经营用机器设备 10 台，价款 600 000 元，用银行存款支付。

4. 该企业取得一项 6 个月期限的短期银行借款，金额 300 000 元，已划入该企业账户。

5. 该企业用银行存款购买商品一批，价款 800 000 元。

6. 该企业购买商品一批，货款 200 000 元尚未支付。

7. 用银行存款偿还应付账款 2 000 元。

8. 职工王雪出差预支差旅费 2 000 元，付现金。

9. 将现金 10 000 元存入银行。

10. 用银行存款偿还前欠货款 200 000 元。

11. 接到银行通知，收到买方偿还的货款 20 000 元。

12. 开出商业汇票一张，抵偿应付账款 30 000 元。

要求：

（1）根据期初余额设置账户。

（2）根据该企业发生的经济业务编制会计分录。

（3）根据会计分录登记账户。

（4）结算出各账户本期发生额和期末余额。

（5）编制本期发生额试算平衡表和余额试算平衡表。

（五）

目的：掌握会计分录的编制和试算平衡表的编制。

资料：某工业企业为一般纳税企业，某年 12 月发生如下经济业务：

1. 12 月 1 日，从银行取得借款 80 000 元，期限 3 个月，年利率 9%，利息与本金到期一次性偿还。

2. 12 月 2 日，购进原材料价款 40 000 元，增值税税率 16%，款项未付。

3. 12 月 5 日，取得商品销售收入 160 000 元，应交增值税 27 200 元，预收了银行存款 50 000 元，其余部分以支票结清，同时结转销售成本 128 000 元。

4. 12 月 10 日，购入作为短期投资的 3 年期公司债券，面值 20 000 元，发行价格 21 400 元，支付手续费 200 元，全部款项均以银行存款支付。

5. 12 月 12 日，本期购入专利权一项计 60 000 元，有效期限 5 年，当月摊销 1 000 元。

6. 12 月 18 日，收回已到期的不带息商业汇票，面值为 7 000 元。

7. 12月20日，接受捐赠全新机器设备一台，协议作价20 000元。

8. 12月30日，本期提取固定资产折旧9 000元（销售部门占40%，管理部门占60%）。

要求：

（1）根据上述经济业务编制会计分录。

（2）编制本期发生额试算表。

参考答案

一、单项选择题

1. D   2. A   3. C   4. A   5. D   6. C   7. A   8. A

9. B   10. D

二、多项选择题

1. CD   2. ABC   3. ABC   4. BCD   5. ABC   6. ABCD   7. AD

8. ABC   9. BCD   10. AD

三、判断题

1. ×   2. ×   3. ×   4. √   5. √

四、简答题

1.

（1）借贷记账法是以"借"、"贷"为记账符号记录经济业务的一种复式记账方法。

（2）借贷记账法以"借"、"贷"为记账符号。

（3）借贷记账法的账户结构。

（4）借贷记账法的记账规则是"有借必有贷，借贷必相等"。

（5）借贷记账法有两个平衡公式，即发生额试算平衡公式和余额试算平衡公式。

2.

（1）会计分录是指对发生的每一笔经济业务按借贷记账法的记账规则，确定应借应贷账户及其金额的记录，简称分录。

（2）会计分录包括三个要素：记账符号、对应账户和金额。

（3）一项经济业务涉及两个对应账户而编制的会计分录称为简单会计分录。一项经济业务涉及两个以上对应账户而编制的会计分录称为复杂会计分录。复杂会计分录可分为"一借多贷"、"一贷多借"和"多借多贷"的形式。

五、业务题

（一）

1. 为满足资金周转需要，向银行借款50 000元，期限为6个月。

借：银行存款   50 000

  贷：短期借款   50 000

2. 购入甲材料 3 000 千克，每千克 15 元，已通过银行付款，材料已验收入库。

借：原材料——甲材料   45 000

  贷：银行存款   45 000

3. 收到投资人安胜公司新投入的货币资金 100 000 元，已存入银行。

借：银行存款   100 000

  贷：实收资本——安胜公司   100 000

4. 销售乙产品 800 台，每台 300 元，已通过银行收款。

借：银行存款   240 000

  贷：主营业务收入   240 000

5. 从银行提取现金 5 000 元。

借：库存现金   5 000

  贷：银行存款   5 000

6. 通过银行收到允旺公司前欠货款 30 000 元。

借：银行存款   30 000

  贷：应收账款——允旺公司   30 000

7. 职工方强出差，预借差旅费 2 000 元，以现金支付。

借：其他应收款——方强   2 000

  贷：库存现金   2 000

8. 通过银行支付前欠经泰公司购货款 20 000 元。

借：应付账款——经泰公司   20 000

  贷：银行存款   20 000

9. 用银行存款购买不需要安装的设备一台，价值 60 000 元。

借：固定资产   60 000

  贷：银行存款   60 000

10. 结转已销商品成本 150 000 元。

借：主营业务成本   150 000

  贷：库存商品   150 000

11. 将本期实现的销售收入 240 000 元、销售成本 150 000 元结转到"本年利润"账户。

借：主营业务收入   240 000

  贷：本年利润   240 000

借：本年利润   150 000

  贷：主营业务成本   150 000

（二）

银行存款 账户

借方		贷方	
期初余额	20 000		
	50 000		45 000
	100 000		5 000
	240 000		20 000
	30 000		60 000
本期发生额	420 000	本期发生额	130 000
期末余额	310 000		

库存现金 账户

借方		贷方	
期初余额	3 000		
	5 000		
			2 000
本期发生额	5 000	本期发生额	2 000
期末余额	6 000		

应收账款 账户

借方		贷方	
期初余额	60 000		
			30 000
本期发生额	0	本期发生额	30 000
期末余额	30 000		

固定资产 账户

借方		贷方	
期初余额	300 000		
	60 000		
本期发生额	60 000	本期发生额	0
期末余额	360 000		

原材料 账户

借方		贷方	
期初余额	50 000		
	45 000		
本期发生额	45 000	本期发生额	0
期末余额	95 000		

库存商品 账户

借方		贷方	
期初余额	180 000		
			150 000
本期发生额	0	本期发生额	150 000
期末余额	30 000		

其他应收款 账户

借方		贷方	
期初余额	0		
	2 000		
本期发生额	2 000	本期发生额	0
期末余额	2 000		

应付账款 账户

借方		贷方	
		期初余额	30 000
	20 000		
本期发生额	20 000	本期发生额	0
		期末余额	10 000

短期借款　账户

借方		贷方	
		期初余额	30 000
			50 000
本期发生额	0	本期发生额	50 000
		期末余额	80 000

应付利息　账户

借方		贷方	
		期初余额	3 000
本期发生额	0	本期发生额	0
		期末余额	3 000

实收资本　账户

借方		贷方	
		期初余额	550 000
			100 000
本期发生额	0	本期发生额	100 000
		期末余额	650 000

主营业务收入　账户

借方		贷方	
		期初余额	0
			240 000
	240 000		
本期发生额	240 000	本期发生额	240 000
		期末余额	0

主营业务成本　账户

借方		贷方	
	150 000		150 000
本期发生额	150 000	本期发生额	150 000
		期末余额	0

本年利润　账户

借方		贷方	
		期初余额	0
	150 000		240 000
本期发生额	150 000	本期发生额	240 000
		期末余额	90 000

（三）

发生额试算平衡表

20×3 年 1 月　　　　　　　　　　　　　　金额单位：元

会计科目	借方发生额	贷方发生额
库存现金	5 000	2 000
银行存款	420 000	130 000
应收账款	—	30 000
其他应收款	2 000	—
原材料	45 000	

续表

会计科目	借方发生额	贷方发生额
库存商品	—	150 000
固定资产	60 000	—
应付账款	20 000	—
短期借款	—	50 000
应付利息	—	—
实收资本	—	100 000
主营业务成本	150 000	150 000
主营业务收入	240 000	240 000
本年利润	150 000	240 000
合　计	1 092 000	1 092 000

余额试算表

20×3 年 1 月 31 日　　　　　　　　　　　　　金额单位：元

会计科目	借方余额	贷方余额
库存现金	6 000	
银行存款	310 000	
应收账款	30 000	
原材料	95 000	
库存商品	30 000	
其他应收款	2 000	
固定资产	360 000	
应付账款		10 000
短期借款		80 000
应付利息		3 000
实收资本		650 000
本年利润		90 000
合　计	833 000	833 000

（四）

1. 该企业接受了 2 000 000 元的投资，投资款已存入银行。

　借：银行存款　　　　　　　　　　　　　　　　　　　2 000 000

　　贷：实收资本　　　　　　　　　　　　　　　　　　　　　2 000 000

2. 该企业从银行存款中提取现金 20 000 元备用。

借：库存现金　　　　　　　　　　　　　　　　　20 000
　　贷：银行存款　　　　　　　　　　　　　　　　　　　20 000

3. 该企业购买了电脑、复印机、打印机、收银机等经营用机器设备 10 台，价款 600 000 元，用银行存款支付。

借：固定资产　　　　　　　　　　　　　　　　　600 000
　　贷：银行存款　　　　　　　　　　　　　　　　　　　600 000

4. 该企业取得一项 6 个月期限的短期银行借款金额 300 000 元，已划入该企业账户。

借：银行存款　　　　　　　　　　　　　　　　　300 000
　　贷：短期借款　　　　　　　　　　　　　　　　　　　300 000

5. 该企业用银行存款购买商品一批，价款 800 000 元。

借：库存商品　　　　　　　　　　　　　　　　　800 000
　　贷：银行存款　　　　　　　　　　　　　　　　　　　800 000

6. 该企业购买商品一批，货款 200 000 元尚未支付。

借：库存商品　　　　　　　　　　　　　　　　　200 000
　　贷：应付账款　　　　　　　　　　　　　　　　　　　200 000

7. 用银行存款偿还应付账款 2 000 元。

借：应付账款　　　　　　　　　　　　　　　　　2 000
　　贷：银行存款　　　　　　　　　　　　　　　　　　　2 000

8. 职工王雪出差预支差旅费 2 000 元，付现金。

借：其他应收款　　　　　　　　　　　　　　　　2 000
　　贷：库存现金　　　　　　　　　　　　　　　　　　　2 000

9. 将现金 10 000 元存入银行。

借：银行存款　　　　　　　　　　　　　　　　　10 000
　　贷：库存现金　　　　　　　　　　　　　　　　　　　10 000

10. 用银行存款偿还前欠货款 200 000 元。

借：应付账款　　　　　　　　　　　　　　　　　200 000
　　贷：银行存款　　　　　　　　　　　　　　　　　　　200 000

11. 接到银行通知，收到买方偿还的货款 20 000 元。

借：银行存款　　　　　　　　　　　　　　　　　20 000
　　贷：应收账款　　　　　　　　　　　　　　　　　　　20 000

12. 开出商业汇票一张，抵偿应付账款 30 000 元。

借：应付账款　　　　　　　　　　　　　　　　　30 000
　　贷：应付票据　　　　　　　　　　　　　　　　　　　30 000

银行存款　账户

借方		贷方	
期初余额	30 000		
	2 000 000		20 000
	300 000		600 000
	10 000		800 000
	20 000		2 000
			200 000
本期发生额	2 330 000	本期发生额	1 622 000
期末余额	738 000		

库存现金　账户

借方		贷方	
期初余额	5 000		
	20 000		
			2 000
			10 000
本期发生额	20 000	本期发生额	12 000
期末余额	13 000		

应收账款　账户

借方		贷方	
期初余额	20 000		
			20 000
本期发生额	0	本期发生额	20 000
期末余额	0		

其他应收款　账户

借方		贷方	
期初余额	2 000		
	2 000		
本期发生额	20 000	本期发生额	0
期末余额	4 000		

库存商品　账户

借方		贷方	
期初余额	160 000		
	800 000		
	200 000		
本期发生额	1 000 000	本期发生额	0
期末余额	1 160 000		

固定资产　账户

借方		贷方	
期初余额	203 000		
	600 000		
本期发生额	600 000	本期发生额	0
期末余额	803 000		

应付账款　账户

借方		贷方	
		期初余额	32 000
			200 000
	2 000		
	200 000		
	30 000		
本期发生额	232 000	本期发生额	200 000
		期末余额	0

应付票据　账户

借方		贷方	
		期初余额	0
			30 000
本期发生额	0	本期发生额	30 000
		期末余额	30 000

短期借款 账户		
借方	贷方	
	期初余额	0
		300 000
本期发生额 0	本期发生额	300 000
	期末余额	300 000

应付利息 账户		
借方	贷方	
	期初余额	2 000
本期发生额 0	本期发生额	0
	期末余额	2 000

实收资本 账户		
借方	贷方	
	期初余额	346 000
		2 000 000
本期发生额 0	本期发生额	2 000 000
	期末余额	2 346 000

本年利润 账户		
借方	贷方	
	期初余额	40 000
本期发生额 0	本期发生额	0
	期末余额	40 000

发生额试算平衡表

××××年×月　　　　　　　　　　　　　　金额单位：元

会计科目	借方发生额	贷方发生额
库存现金	20 000	12 000
银行存款	2 330 000	1 622 000
应收账款	—	20 000
其他应收款	2 000	—
库存商品	1 000 000	—
固定资产	600 000	—
应付账款	232 000	200 000
应付票据	—	30 000
短期借款	—	300 000
实收资本	—	2 000 000
合　计	4 184 000	4 184 000

余额试算表

×××× 年 × 月 ×× 日   金额单位：元

会计科目	借方余额	贷方余额
库存现金	13 000	
银行存款	738 000	
应收账款	—	—
其他应收款	4 000	
库存商品	1 160 000	
固定资产	803 000	
应付利息		2 000
应付账款	—	—
应付票据		30 000
短期借款		300 000
实收资本		2 346 000
本年利润		40 000
合　计	2 718 000	2 718 000

（五）

1. 12 月 1 日，从银行取得借款 80 000 元，期限 3 个月，年利率 9%，利息与本金到期一次性偿还。

借：银行存款　　　　　　　　　　　　　　　　　　　　80 000

　　贷：短期借款　　　　　　　　　　　　　　　　　　　　80 000

2. 12 月 2 日，购进原材料价款 40 000 元，增值税税率 16%，款项未付。

借：原材料　　　　　　　　　　　　　　　　　　　　　40 000

　　应交税费——应交增值税（进项税额）　　　　　　　 6 400

　　贷：应付账款　　　　　　　　　　　　　　　　　　　　46 400

3. 12 月 5 日，取得商品销售收入 160 000 元，应交增值税 27 200 元，预收了银行存款 50 000 元，其余部分以支票结清，同时结转销售成本 128 000 元。

借：预收账款　　　　　　　　　　　　　　　　　　　 187 200

　　贷：主营业务收入　　　　　　　　　　　　　　　　　 160 000

　　　　应交税费——应交增值税（销项税额）　　　　　　 27 200

借：银行存款　　　　　　　　　　　　　　　　　　　 137 200

　　贷：预收账款　　　　　　　　　　　　　　　　　　　 137 200

借：主营业务成本　　　　　　　　　　　　　　　　　　　　128 000
　　贷：库存商品　　　　　　　　　　　　　　　　　　　　　　　128 000

4. 12 月 10 日，购入作为短期投资的 3 个月期公司债券，面值 20 000 元，发行价格
21 400 元，支付手续费 200 元，全部款项均以银行存款支付。

借：交易性金融资产　　　　　　　　　　　　　　　　　　　21 400
　　投资收益　　　　　　　　　　　　　　　　　　　　　　　 200
　　贷：银行存款　　　　　　　　　　　　　　　　　　　　　　 21 600

5. 12 月 12 日，本期购入专利权一项计 60 000 元，有效期限 5 年，当月摊销 1 000 元。

借：无形资产　　　　　　　　　　　　　　　　　　　　　　60 000
　　贷：银行存款　　　　　　　　　　　　　　　　　　　　　　 60 000
借：管理费用　　　　　　　　　　　　　　　　　　　　　　 1 000
　　贷：累计摊销　　　　　　　　　　　　　　　　　　　　　　　1 000

6. 12 月 18 日，收回已到期的不带息商业汇票，面值为 7 000 元。

借：银行存款　　　　　　　　　　　　　　　　　　　　　　 7 000
　　贷：应收票据　　　　　　　　　　　　　　　　　　　　　　　7 000

7. 12 月 20 日，接受捐赠全新机器设备一台，协议作价 20 000 元。

借：固定资产　　　　　　　　　　　　　　　　　　　　　　20 000
　　贷：营业外收入　　　　　　　　　　　　　　　　　　　　　 20 000

8. 12 月 30 日，本期提取固定资产折旧 90 000 元（销售部门占 40%，管理部门占 60%）。

借：销售费用　　　　　　　　　　　　　　　　　　　　　　36 000
　　管理费用　　　　　　　　　　　　　　　　　　　　　　54 000
　　贷：累计折旧　　　　　　　　　　　　　　　　　　　　　　 90 000

本期发生额试算表

会计科目	本 期 发 生 额	
	借　　方	贷　　方
银行存款	224 200	81 600
交易性金融资产	21 400	—
应收票据	—	7 000
原 材 料	40 000	
库存商品	—	128 000
固定资产	20 000	—
累计折旧		90 000
无形资产	60 000	

续表

会计科目	本 期 发 生 额	
	借　　方	贷　　方
累计摊销		1 000
短期借款	—	80 000
应付账款	—	46 400
预收账款	187 200	137 200
应交税费	6 400	27 200
营业外收入	—	20 000
销售费用	36 000	—
主营业务收入	—	160 000
主营业务成本	128 000	—
管理费用	55 000	—
投资收益	200	
合　　计	778 400	778 400

第四章

会计循环

一、单项选择题（每题只有一个答案是正确的；将正确答案对应的字母填入括号）

1. 一个会计期间依次继起的会计工作的程序或步骤是（　　）。
   A. 会计方法　　　B. 会计调整　　　C. 会计核算　　　D. 会计循环

2. 经济业务发生或完成时取得的凭证是（　　）。
   A. 原始凭证　　　B. 记账凭证　　　C. 收款凭证　　　D. 付款凭证

3. 会计分录的编制是通过（　　）记录的。
   A. 账簿　　　　　B. 记账凭证　　　C. 会计报表　　　D. 原始凭证

4. 记账凭证与其所附原始凭证的金额（　　）。
   A. 可能相等　　　　　　　　　B. 不相等
   C. 有时相等有时不相等　　　　D. 必须相等

5. 登记账簿的依据是（　　）。
   A. 经济合同　　　B. 会计分录　　　C. 记账凭证　　　D. 有关文件

6. 通常情况下，不需要根据记账凭证登记的账簿是（　　）。
   A. 总分类账　　　B. 明细分类账　　C. 日记账　　　　D. 备查账

7. 从银行提取现金，登记库存现金日记账的依据是（　　）。
   A. 库存现金收款凭证　　　　　B. 银行存款付款凭证
   C. 银行存款收款凭证　　　　　D. 备查账

8. 光明企业销售产品一批，产品已发出，发票已开出，但货款尚未收到，光明企业会计人员应根据有关原始凭证编制（　　）。
   A. 收款凭证　　　B. 转账凭证　　　C. 汇总凭证　　　D. 付款凭证

9. 原材料等财产物资明细账一般适用（　　）明细账。
   A. 数量金额式　　B. 多栏式　　　　C. 三栏式　　　　D. 任意格式

10. 如果原始凭证的金额出现错误，应当采用的更正方法是（　　）。
    A. 红字更正法　　B. 划线更正法　　C. 蓝字更正法　　D. 由出具单位重开

11. 如果记账凭证上的会计科目和借贷方向正确，但所记金额大于应记金额，并据以登记入账，则应采用的更正方法是（　　）。
    A. 划线更正法　　B. 红字更正法　　C. 补充登记法　　D. 编制相反分录冲减

12. 财务人员在结账前发现，根据记账凭证登记入账时误将800元写成8 000元，记账凭证无误，则采用的更正方法是（　　）。

  A. 补充登记法 B. 划线更正法 C. 红字更正法 D. 横线登记法

13. 在结账前发现账簿记录有文字或数字错误，而记账凭证没有错误，应当采用的更正方法是（　　）。

  A. 划线更正法 B. 红字更正法 C. 补充登记法 D. 平行登记法

14. 记账以后，如果发现记账凭证上的会计科目正确，但是金额出现错误，错记的金额小于应记的正确金额，则采用的更正方法是（　　）。

  A. 划线更正法 B. 红字更正法 C. 补充登记法 D. 横线登记法

15. 库存现金日记账和银行存款日记账属于（　　）。

  A. 普通日记账 B. 特种日记账 C. 分录日记账 D. 转账日记账

16. 每年年初启用新账时，可继续使用不必更换新账的是（　　）。

  A. 总分类账   B. 银行存款日记账

  C. 固定资产卡片   D. 管理费用明细账

17. 专门记载某一类经济业务的序时账簿称为（　　）。

  A. 普通日记账   B. 特种日记账

  C. 转账日记账   D. 分录簿

18. 活页账一般适用于（　　）。

  A. 总分类账   B. 明细分类账

  C. 固定资产明细账   D. 现金日记账和银行存款日记账

19. 下列哪些账不适用于订本账（　　）。

  A. 特种日记账 B. 普通日记账 C. 总分类账 D. 明细分类账

20. 固定资产明细账的外表形式可以采用（　　）。

  A. 订本式账簿   B. 卡片式账簿

  C. 活页式账簿   D. 多栏式明细分类账

21. 库存现金日记账和银行存款日记账应根据有关凭证（　　）。

  A. 逐日逐笔登记   B. 逐日汇总登记

  C. 定期汇总登记   D. 一次汇总登记

22. 多栏式明细账一般适用于（　　）。

  A. 收入费用类账户   B. 所有者权益类账户

  C. 资产类账户   D. 负债类账户

23. 账簿中一般只设借方和贷方两个金额栏的账簿被称为（　　）。

  A. 特种日记账   B. 普通日记账

  C. 转账日记账   D. 明细分类账

24. 下列做法错误的是（　　）。
   A. 现金日记账采用三栏式账簿
   B. 生产成本明细账采用三栏式账簿
   C. 产成品明细账采用数量金额式账簿
   D. 制造费用明细账采用多栏式账簿

25. 总账和明细账划分的标准是按照（　　）分类的。
   A. 账户的结构　　　　　　　　B. 科目的级别
   C. 账户的性质　　　　　　　　D. 反映经济内容的详细程度

26. 以下各项错误的是（　　）。
   A. 各种账簿应分工明确，指定专人管理
   B. 会计账簿只允许在财务室内随意翻阅查看
   C. 会计账簿除需要与外单位核对外，一般不能携带外出
   D. 账簿不能随意交与其他人员管理

27. 登记账簿时，如果经济业务发生日期为 2013 年 11 月 12 日，编制记账凭证日期为 11 月 16 日，登记账簿日期为 11 月 17 日，则账簿中的"日期"栏登记的时间为（　　）。
   A. 11 月 12 日　　　　　　　　B. 11 月 16 日
   C. 11 月 17 日　　　　　　　　D. 11 月 16 日或 11 月 17 日均可

28. 根据已编制的记账凭证，将每项经济业务涉及的借方账户和贷方账户的发生额，分别登记到分类账簿中开设相应账户的过程为（　　）。
   A. 账项调整　　B. 转账　　　C. 过账或登账　　D. 结账

29. 根据记账凭证逐笔登记总分类账是（　　）核算程序的主要特点。
   A. 汇总记账凭证　　　　　　　B. 科目汇总表
   C. 多栏式日记账　　　　　　　D. 记账凭证

30. 下列不属于汇总记账凭证账务处理程序的是（　　）。
   A. 根据各种记账凭证编制有关汇总记账凭证
   B. 根据各汇总记账凭证登记总分类账
   C. 根据记账凭证逐笔登记总分类账
   D. 根据原始凭证、汇总原始凭证编制记账凭证

31. 以下哪种核算程序是最基本的会计核算程序（　　）。
   A. 日记总账　　　　　　　　　B. 多栏式日记账
   C. 记账凭证　　　　　　　　　D. 科目汇总表

32. 记账凭证账务处理程序的适用范围是（　　）。
   A. 规模较小、经济业务量较少的单位
   B. 规模较大、经济业务量较多的单位

C. 会计基础工作薄弱的单位

D. 采用单式记账的单位

33. 各种账务处理程序的主要区别在于（　　　）。

    A. 总账的格式不同　　　　　　　　B. 登记总账的程序和方法不同

    C. 会计凭证的种类不同　　　　　　D. 编制会计报表的依据不同

34. 科目汇总表核算程序登记总账的直接依据是（　　　）。

    A. 各种记账凭证　　　　　　　　　B. 多栏式日记账

    C. 汇总记账凭证　　　　　　　　　D. 记账凭证汇总表

35. 财产物资明细账一般适用（　　　）。

    A. 多栏式明细账　　　　　　　　　B. 三栏式明细账

    C. 数量金额式明细账　　　　　　　D. 以上都不是

36. 科目汇总表账务处理程序的特点是（　　　）。

    A. 根据记账凭证登记总账　　　　　B. 根据科目汇总表登记总账

    C. 根据汇总记账凭证登记总账　　　D. 根据多栏式日记账登记总账

37. 科目汇总表账务处理程序，一般适用于（　　　）。

    A. 规模小、业务量少的单位　　　　B. 规模小、业务量多的单位

    C. 规模大、业务量少的单位　　　　D. 规模大、业务量多的单位

38. 汇总记账凭证账务处理程序适用于（　　　）的企业。

    A. 规模较大、经济业务较多　　　　B. 规模较小、经济业务不多

    C. 规模较大、经济业务不多　　　　D. 规模较小、经济业务较多

39. 汇总收款凭证是根据（　　　）汇总而编制的。

    A. 汇总记账凭证　　　　　　　　　B. 现金和银行存款的收款凭证

    C. 现金和银行存款的付款凭证　　　D. 转账凭证

40. 一般情况下，不需要根据记账凭证登记的账簿是（　　　）。

    A. 明细分类账　　　　　　　　　　B. 总分类账

    C. 备查账簿　　　　　　　　　　　D. 特种日记账

41. 汇总转账凭证是根据转账凭证按每个科目的贷方设置，按（　　　）汇总定期编制。

    A. 借方　　　　　B. 贷方　　　　　C. 借方和贷方　　　D. 借方或贷方

42. 财产清查是对（　　　）进行盘点和核对，确定其实存数，并查明其账存数与实存数是否相符的一种专门方法。

    A. 存货　　　　　B. 固定资产　　　　C. 货币资金　　　D. 各项财产

43. 企业在遭受自然灾害后，对其受损的财产物资进行的清查，属于（　　　）。

    A. 局部清查和不定期清查　　　　　B. 全面清查和定期清查

    C. 局部清查和定期清查　　　　　　D. 全面清查和不定期清查

44. 对库存现金的清查应采用的方法是（　　）。

    A. 抽查库存现金   B. 检查现金日记账

    C. 倒挤法   D. 实地盘点法

45. 对应收账款进行清查时，应采用的方法是（　　）。

    A. 与记账凭证核对   B. 发函询证法

    C. 实地盘点法   D. 技术推算法

46. 对银行存款清查的方法是（　　）。

    A. 定期盘存法   B. 和往来单位核对账目的方法

    C. 实地盘存法   D. 与银行核对账目的方法

47. 对往来款项的清查方法是（　　）。

    A. 实地盘点法   B. 发函询证法   C. 技术推算法   D. 抽查法

48. 经查明，盘盈的原材料如因收发错误所致，一般应当（　　）。

    A. 借记管理费用   B. 贷记管理费用

    C. 借记营业外支出   D. 贷记营业外支出

49. 以下哪项不应当采用实地盘点的清查方法（　　）。

    A. 原材料   B. 库存商品   C. 应收账款   D. 固定资产

50. 对财产清查结果进行账务处理的主要目的是为了保证（　　）。

    A. 账实相符   B. 账证相符   C. 账账相符   D. 账表相符

51. 下列各项中，对（　　）进行财产清查可以采用实地盘点法。

    A. 银行存款   B. 债权   C. 库存现金   D. 债务

52. 对于盘盈的固定资产，应作为（　　）处理。

    A. 以前年度损益调整   B. 减少营业外支出

    C. 增加营业外收入   D. 转入其他应收款

53. 库存商品盘亏，经核查是由于管理不善造成，在批准核销时，应借记（　　）账户。

    A. 待处理财产损溢   B. 营业外收入

    C. 库存商品   D. 管理费用

54. 一般在进行年终决算前要（　　）。

    A. 对企业所有财产进行技术推算盘点

    B. 对企业流动性较大的财产进行全面清查

    C. 对企业部分财产进行局部清查

    D. 对企业所有财产进行全面清查

55. 企业在进行现金清查时发现现金溢余，如进一步核查无法查明原因，经批准后，正确的账务处理方法是（　　）。

    A. 将其从"待处理财产损溢"科目转入"管理费用"科目

  B. 将其从"待处理财产损溢"科目转入"营业外收入"科目

  C. 将其从"待处理财产损溢"科目转入"其他应付款"科目

  D. 将其从"待处理财产损溢"科目转入"其他应收款"科目

56. 我国采用的资产负债表格式是（ ）。

  A. 单步式   B. 报告式   C. 账户式   D. 多步式

57. 资产负债表是一张（ ）。

  A. 静态会计报表   B. 动态会计报表

  C. 既是静态也是动态会计报表 D. 既不是静态也不是动态会计报表

58. 利润表是反映企业在一定会计期间（ ）的报表。

  A. 财务状况 B. 经营成果 C. 管理水平 D. 现金流量

59. 下列关于利润表项目之间关系的等式中，正确的是（ ）。

  A. 主营业务利润 = 主营业务收入 – 主营业务税金及附加

  B. 营业利润 = 主营业务利润 + 其他业务利润

  C. 利润总额 = 营业利润 – 营业外支出

  D. 净利润 = 利润总额 – 所得税

二、多项选择题（每题至少有两个答案是正确的；将正确答案对应的字母填入括号）

1. 会计循环包括的内容有（ ）。

  A. 编制会计分录、过账、调账、结账

  B. 设置账户

  C. 试算平衡

  D. 编制会计报表

2. 会计循环中属于企业日常会计核算工作的内容有（ ）。

  A. 根据原始凭证填制记账凭证 B. 根据编制的会计分录登记分类账

  C. 编制调整分录并予以过账 D. 根据分类账记录编制结账前试算表

3. 会计循环中属于企业会计期末会计核算工作的内容有（ ）。

  A. 编制结账前试算表   B. 编制调整分录并予以过账

  C. 编制结账后试算表   D. 编制结账分录并登记入账

4. 下列属于自制原始凭证的有（ ）。

  A. 收料单   B. 工资结算单

  C. 领料单   D. 付款凭证

5. 编制记账凭证的依据有（ ）。

  A. 原始凭证汇总表   B. 收款凭证

  C. 有关账簿   D. 原始凭证

6. 记账凭证应具备的基本内容包括（　　）。

    A. 填制单位及有关人员签名或盖章

    B. 有关人员的签名或盖章

    C. 经济业务的内容摘要和所附原始凭证的张数

    D. 记账凭证的填制日期和编号

7. 付款凭证左上角可填制的会计科目有（　　）。

    A. 银行存款　　　B. 应收账款　　　C. 库存现金　　　D. 实收资本

8. 以下各项属于一次原始凭证的是（　　）。

    A. 工资结算单　　B. 销售发票　　　C. 收料单　　　D. 限额领料单

9. 编制会计分录的载体可以是（　　）。

    A. 记账凭证　　　B. 账簿　　　　　C. 分录簿　　　D. 会计报表

10. 登记银行存款日记账依据为（　　）。

    A. 银行存款收款凭证　　　　　　　B. 银行存款付款凭证

    C. 部分现金收款凭证　　　　　　　D. 部分现金付款凭证

11. 原始凭证的基本内容包括（　　）。

    A. 原始凭证名称　　　　　　　　　B. 接受原始凭证的单位名称

    C. 经济业务的性质　　　　　　　　D. 凭证附件

12. 其他单位因特殊原因需要使用本单位的原始凭证，正确的做法是（　　）。

    A. 可以外借

    B. 将外借的会计凭证拆封抽出

    C. 不得外借，经本单位会计机构负责人或会计主管人员批准，可以复制

    D. 将向外单位提供的凭证复印件在专设的登记簿上登记

13. 在原始凭证上书写阿拉伯数字，正确的是（　　）。

    A. 金额数字一律填写到角、分位

    B. 无角分的，角位和分位可写"00"或者符号"－"

    C. 有角无分的，分位应当写"0"

    D. 有角无分的，分位也可以用符号"－"代替

14. 下列属于外来原始凭证的有（　　）。

    A. 本单位开具的销售发票

    B. 供货单位开具的发票

    C. 职工出差取得的飞机票和火车票

    D. 银行收付款通知单

15. 下列说法正确的是（　　）。

    A. 记账凭证上的日期指的是经济业务发生的日期

B. 对于涉及"库存现金"和"银行存款"之间的经济业务，一般只编制收款凭证

C. 出纳人员不能直接依据有关收、付款业务的原始凭证办理收、付款业务

D. 出纳人员必须根据经会计主管或其指定人员审核无误的收、付款凭证办理收付款业务

16. 下列属于一次凭证的有（　　）。

　　A. 收据　　　　　B. 发货票　　　　　C. 工资结算单　　　D. 工资汇总表

17. 关于记账凭证下列说法正确的是（　　）。

　　A. 收款凭证是指用于记录库存现金和银行存款收款业务的会计凭证

　　B. 收款凭证分为库存现金收款凭证和银行存款收款凭证两种

　　C. 从银行提取库存现金的业务应该编制库存现金收款凭证

　　D. 从银行提取库存现金的业务应该编制银行存款付款凭证

18. 原始凭证的审核内容包括（　　）。

　　A. 有关数量、单价、金额是否正确无误

　　B. 是否符合有关的计划和预算

　　C. 记录的经济业务的发生时间

　　D. 有无违反财经制度的行为

19. 对原始凭证发生的错误，正确的更正方法是（　　）。

　　A. 由出具单位重开或更正

　　B. 由本单位的会计人员代为更正

　　C. 金额发生错误的，可由出具单位在原始凭证上更正

　　D. 金额发生错误的，应当由出具单位重开

20. 收款凭证的借方科目可能有（　　）。

　　A. 应收账款　　　B. 库存现金　　　C. 银行存款　　　　D. 应付账款

21. 下列经济业务中，应填制付款凭证的有（　　）。

　　A. 提现金备用　　　　　　　　　B. 购买材料预付订金

　　C. 购买材料未付款　　　　　　　D. 以银行存款支付前欠单位货款

22. 记账凭证审核的主要内容有（　　）。

　　A. 内容是否真实　　　　　　　　B. 项目是否齐全

　　C. 科目、金额、书写是否正确　　D. 填制是否及时

23. 张林出差回来，报销差旅费 1 000 元，原预借 1 500 元，交回剩余现金 500 元，这笔业务应该编制的记账凭证有（　　）。

　　A. 付款凭证　　　B. 收款凭证　　　C. 转账凭证　　　　D. 原始凭证

24. 下列凭证中，属于汇总凭证的有（　　）。

　　A. 差旅费报销单　　　　　　　　B. 发料凭证汇总表

  C. 限额领料单   D. 工资结算汇总表

25. 以下有关会计凭证的表述中正确的有（   ）。

  A. 会计凭证是记录经济业务的书面证明

  B. 会计凭证可以明确经济责任

  C. 会计凭证是编制报表的依据

  D. 会计凭证是登记账簿的依据

26. 运用平行登记法登记总账和明细账时，必须做到（   ）。

  A. 登记的方向一致   B. 登记的金额相等

  C. 登记的详细程度一样   D. 登记的期间相同

27. 在各种会计核算程序下，明细分类账可以根据（   ）登记。

  A. 原始凭证   B. 原始凭证汇总表

  C. 记账凭证   D. 汇总记账凭证

28. 在各种会计核算程序下，总分类账可以根据（   ）进行登记。

  A. 记账凭证   B. 科目汇总表

  C. 汇总记账凭证   D. 转账凭证和多栏式日记账

29. 记账凭证核算程序一般适用于（   ）的企业单位。

  A. 经营规模较大   B. 经营业务较多

  C. 经营规模较小   D. 经济业务较少

30. 科目汇总表核算程序一般适用于（   ）的企业单位。

  A. 经营规模较大   B. 经济业务较多

  C. 经营规模较小   D. 经济业务较少

31. 各种账务处理程序的共同点有（   ）。

  A. 根据原始凭证编制汇总原始凭证

  B. 根据原始凭证及记账凭证登记明细分类账

  C. 根据收、付款凭证登记现金日记账

  D. 根据总账和明细账编制会计报表

32. 以记账凭证为依据，按有关账户的贷方设置，按借方账户归类的有（   ）。

  A. 汇总收款凭证   B. 汇总转账凭证

  C. 汇总付款凭证   D. 科目汇总表

33. 记账凭证核算组织程序的优点有（   ）。

  A. 在记账凭证上能够清晰地反映账户之间的对应关系

  B. 在总分类账上能够比较详细地反映经济业务的发生情况

  C. 总分类账登记方法易于掌握

  D. 可以减轻总分类账登记的工作量

34. 为便于汇总收款凭证的编制，日常编制收款凭证时，分录形式最好是（   ）。

    A. 一借一贷   B. 一借多贷   C. 多借一贷   D. 多借多贷

35. 为便于汇总转账凭证的编制，日常编制转账凭证时，分录形式最好是（   ）。

    A. 一借一贷   B. 一贷多借   C. 一借多贷   D. 多借多贷

36. 科目汇总表核算组织程序的优点有（   ）。

    A. 可以进行账户发生额的试算平衡

    B. 可减轻登记总账的工作量

    C. 能够保证总分类账登记的正确性

    D. 适用性比较强

37. 在科目汇总表核算程序下，记账凭证是用来（   ）的依据。

    A. 登记库存现金日记账   B. 登记银行存款日记账

    C. 登记明细分类账   D. 编制科目汇总表

38. 在财产清查的过程中，应编制并据以调整账面记录的原始凭证有（   ）。

    A. 库存现金盘点报告单   B. 银行存款余额调节表

    C. 财产物资清查盘存单   D. 财产清查盈亏明细表

39. 下列项目中，属于不定期并且全面清查的是（   ）。

    A. 单位合并、撤销以及改变隶属关系

    B. 年终决算之前

    C. 企业股份制改制前

    D. 单位主要领导调离时

40. 造成账实不符的原因主要有（   ）。

    A. 财产物资的自然损耗、收发计量错误

    B. 会计账簿漏记、重记、错记

    C. 财产物资的毁损、被盗

    D. 未达账项

41. 财产清查的内容包括（   ）。

    A. 货币资金   B. 财产物资

    C. 应收、应付款项   D. 对外投资

42. 在银行存款对账中，未达账项包括（   ）。

    A. 银行已收款入账企业未收款入账

    B. 企业未付款入账银行已付款入账

    C. 企业未付款入账银行也未付款入账

    D. 银行已收款入账企业已收款入账

43. 在借贷记账法下，试算平衡的方法有（　　　）。

    A. 期末余额试算平衡　　　　　　B. 差额试算平衡

    C. 总额试算平衡　　　　　　　　D. 本期发生额试算平衡

44. 利润表的基本格式主要有（　　　）。

    A. 账户式　　　　　　　　　　　B. 单步式

    C. 多步式　　　　　　　　　　　D. 报告式

三、判断题（判断每题的陈述正确与否：如果正确，在题目的括号中划"√"；如果错误，在题目的括号中划"×"）

1. 会计循环是会计人员在某一会计期间内，从取得经济业务的资料到编制会计报表所进行的会计处理程序、步骤或过程。（　　）

2. 原始凭证是会计核算的原始资料和重要依据，是登记会计账簿的直接依据。（　　）

3. 原始凭证原则上不得外借，其他单位如有特殊原因确实需要使用时，经本单位会计机构负责人、会计主管人员批准，方可外借。（　　）

4. 所有的记账凭证都必须附有原始凭证，否则不能作为记账依据。（　　）

5. 发现以前年度记账凭证有错误，直接用蓝字填制一张更正的记账凭证。（　　）

6. 记账凭证填制完经济业务事项后，如有空行，应当自金额栏最后一笔金额数字下的空行处至合计数上的空行处划线注销。（　　）

7. 审核原始凭证的正确性，就是要审核原始凭证所记录的经济业务是否符合企业生产经营活动的需要、是否符合有关的计划和预算。（　　）

8. 自制原始凭证都是一次凭证，外来原始凭证大部分是一次凭证。（　　）

9. 原始凭证发生的错误，应由出具单位在原始凭证上直接更正。（　　）

10. 对于真实、合法、合理但内容不够完善、填写有错误的原始凭证，会计机构和会计人员不予以接受。（　　）

11. 收款凭证又可以分为现金收款凭证和银行存款收款凭证，如以现金结算的发票联。（　　）

12. 为了简化工作手续，可以将不同内容和类别的原始凭证汇总，填制在一张记账凭证上。（　　）

13. 记账凭证所附的原始凭证数量过多，也可以单独装订保管，但应在其封面及有关记账凭证上加注说明。（　　）

14. 一张原始凭证所列的支出需要由几个单位共同负担时，应当由保存该原始凭证的单位将该原始的复印件交给其他应负担的单位。（　　）

15. 会计凭证上填写的"人民币"字样或符号"￥"与汉字大写金额数字或阿拉伯金额数字之间应留有空白。（　　）

16. 在签发支票时，7 200.50 元的汉字大写金额应写成"柒仟贰佰元伍角"。（　　）

17. 累计凭证是指在一定时期内连续记录发生的若干同类型经济业务的原始凭证。（　　）

18. 发现从外单位取得的原始凭证遗失时，应取得原签发单位盖有公章的证明，并注明原始凭证的号码、金额、内容等，由经办单位会计机构负责人审核签章后，才能代作原始凭证。　　　　　　　　　　　　　　　　　　　　　　　　　　　　　　　（　　）

19. 总分类账和明细分类账应平行登记，二者之间不能互为记账依据。　（　　）

20. 记账以后，发现记账凭证中科目出现错误，应采用红字更正法更正。（　　）

21. 设置普通日记账的企业一般可不再填制记账凭证。　　　　　　　（　　）

22. 库存现金日记账和银行存款日记账的外表形式必须采用订本式账簿。（　　）

23. 为了保证库存现金日记账的安全和完整，库存现金日记账无论采用三栏式还是多栏式，外表形式都必须使用订本账。　　　　　　　　　　　　　　　　　（　　）

24. 任何单位都必须设置总分类账。　　　　　　　　　　　　　　　（　　）

25. 所有总分类账的外表形式都必须采用订本式。　　　　　　　　　（　　）

26. 多栏式明细账一般适用于负债类账户。　　　　　　　　　　　　（　　）

27. 记账以后，发现记账凭证和账簿记录中的会计科目无误，只是金额有误，且错记的金额小于应记的正确金额，可采用红字更正法更正。　　　　　　　　（　　）

28. 会计账簿是连接会计凭证与会计报表的中间环节，是编制会计报表的基础。（　　）

29. 为保持账簿记录的持久性，防止涂改，记账时必须使用蓝黑墨水或碳素墨水，并用钢笔书写。　　　　　　　　　　　　　　　　　　　　　　　　　（　　）

30. 我国每个会计主体都采用普通日记账登记每日库存现金和银行存款的收付。（　　）

31. 由于记账凭证错误而造成的账簿记录错误，可采用划线更正法进行更正。（　　）

32. 用划线更正法时，只要将账页中个别错误数码划上红线，再填上正确数码即可。　　　　　　　　　　　　　　　　　　　　　　　　　　　　　　（　　）

33. 无论分类账簿还是序时账簿，都需要以记账凭证作为记账依据。（　　）

34. 凡是明细账都使用活页账簿，以便于根据实际需要，随时添加空白账页。（　　）

35. 启用订本式账簿，除在账簿扉页填列"账簿启用和经管人员一览表"外，还要从第一页到最后一页顺序编写页数，不得跳页、缺号。　　　　　　　　　　（　　）

36. 会计账簿作为重要的经济档案，因保存期长，必须使用蓝色或黑色的笔书写。（　　）

37. 各账户在一张账页记满时，应在该账页最后一行结出余额，并在"摘要"栏注明"转次页"字样。　　　　　　　　　　　　　　　　　　　　　　　　　（　　）

38. 账簿中书写的文字和数字上面要留有适当空距，一般应占格距的1/2，以便于发现错误时进行修改。　　　　　　　　　　　　　　　　　　　　　　　（　　）

39. 在企业撤销或合并时，要对企业的部分财产进行重点清查。　　　（　　）

40. 未达账项只在企业与开户银行之间发生，企业与其他单位之间不会发生未达账项。　　　　　　　　　　　　　　　　　　　　　　　　　　　　　　（　　）

41. 通过财产清查，可以挖掘财产物资的潜力，有效利用财产物资，加速资金周转。
（   ）

42. 未达账项是指企业与银行之间由于记账的时间不一致，而发生的一方已登记入账，另一方漏记的项目。（   ）

43. 对因债权人特殊原因确实无法支付的应付账款，应记入营业外收入账户。（   ）

44. 任何会计账务处理程序的第一步必须将所有的原始凭证都汇总编制为汇总原始凭证。（   ）

45. 科目汇总表不仅可以起到试算平衡的作用，而且可以反映账户之间的对应关系。（   ）

46. 汇总收款凭证是按贷方科目设置，按借方科目归类、定期汇总、按月编制的。（   ）

47. 在汇总记账凭证账务处理程序下，若某一贷方科目的转账凭证数量不多，可以根据转账凭证登记总分类账。（   ）

48. 记账凭证核算程序的特点是根据记账凭证逐笔登记总分类账和明细分类账。（   ）

49. 会计核算程序不同，库存现金日记账、银行存款日记账登记的依据也不同。（   ）

50. 根据账户记录编制试算平衡表以后，如果所有账户的借方发生额与所有账户的贷方发生额相等，则说明账户记录一定是正确的。（   ）

51. 各种会计核算程序的区别主要在于编制会计报表的依据和方法不同。（   ）

52. 采用科目汇总表核算程序，不仅可以简化登记总账工作，而且便于检查和分析经济业务。（   ）

53. 使用记账凭证账务处理程序不能将原始凭证汇总成原始凭证汇总表。（   ）

54. 库存现金日记账和银行存款日记账都属于普通日记账。（   ）

55. 保管期满的会计档案应全部销毁。（   ）

四、计算题

（一）某企业 2013 年 10 月 31 日银行存款日记账余额为 124 950 元，银行对账单的余额为 129 395 元，经核查发现下列未达账项：

（1）企业收到转账支票一张计 11 200 元，将支票送存银行取得回单，银行尚未入账；

（2）企业开出转账支票一张计 9 100 元，银行尚未收到该支票；

（3）银行收到乙企业汇给甲企业的货款 6 790 元入账，甲企业未收到银行转来的收款通知；

（4）银行已支付甲企业短期借款利息 245 元，甲企业未收到银行转来的付款通知。

要求：根据上述资料，编制银行存款余额调节表。

银行存款余额调节表

年 月 日

单位：元

项 目	金 额	项 目	金 额
银行存款日记账余额		银行对账单余额	
加：银行已收企业未收的款项		加：企业已收银行未收的款项	
减：银行已付企业未付的款项		减：企业已付银行未付的款项	
调节后银行存款余额		调节后银行存款余额	

（二）华晨公司于 2013 年 12 月 31 日进行财产清查时发现：

（1）现金短缺 100 元，经查明是由于出纳收发错误造成，经批准由出纳赔偿。

（2）盘盈甲材料 100 克，单价为 10 元/克，经查明属于自然升溢。

（3）盘亏乙材料 100 克，价款 1 000 元，增值税税率为 16%，进项税额为 160 元，原因无法查明。

（4）盘亏设备一台，该设备原值为 10 000 元，已计提折旧 5 000 元，未计提减值准备，经查明原因为失窃，可获得保险公司赔偿 1 000 元。

要求：假设不考虑有关税费，作出相关的账务处理。

参考答案

一、单项选择题

1. D	2. A	3. B	4. D	5. C	6. D	7. B	8. B
9. A	10. D	11. B	12. B	13. A	14. C	15. B	16. C
17. B	18. B	19. D	20. B	21. A	22. A	23. B	24. B
25. D	26. B	27. B	28. C	29. D	30. C	31. C	32. A
33. B	34. D	35. C	36. B	37. B	38. A	39. B	40. D
41. B	42. D	43. A	44. D	45. B	46. B	47. B	48. B
49. C	50. A	51. C	52. A	53. B	54. D	55. B	56. B
57. A	58. B	59. D					

二、多项选择题

1. ACD	2. AB	3. ABCD	4. ABC	5. AD	6. BCD	7. AC
8. ABC	9. AC	10. ABD	11. ABD	12. CD	13. ABC	14. BCD
15. CD	16. ABC	17. ABD	18. ABCD	19. AD	20. BC	21. ABD
22. ABC	23. BC	24. ABD	25. ABD	26. ABD	27. ABC	28. ABCD
29. CD	30. AB	31. ABCD	32. BC	33. ABC	34. AB	35. AB
36. ABCD	37. ABCD	38. AD	39. ACD	40. ABCD	41. ABC	42. AB

43. AD   44. BC

三、判断题

1. √   2. ×   3. ×   4. ×   5. √   6. √   7. ×   8. ×   9. ×
10. ×   11. ×   12. ×   13. √   14. ×   15. ×   16. ×   17. √   18. ×
19. √   20. √   21. √   22. √   23. √   24. √   25. √   26. ×   27. ×
28. √   29. √   30. ×   31. ×   32. √   33. √   34. √   35. √   36. ×
37. √   38. √   39. ×   40. √   41. √   42. ×   43. √   44. ×   45. ×
46. ×   47. √   48. √   49. ×   50. √   51. ×   52. √   53. ×   54. ×
55. ×

四、计算题

（一）

银行存款余额调节表

2013 年 10 月 31 日   单位：元

项　目	金　额	项　目	金　额
银行存款日记账余额	124 950	银行对账单余额	129 395
加：银行已收企业未收的款项	6 790	加：企业已收银行未收的款项	11 200
减：银行已付企业未付的款项	245	减：企业已付银行未付的款项	9 100
调节后银行存款余额	131 495	调节后银行存款余额	131 495

（二）

（1）批准前：

借：待处理财产损溢——待处理流动资产损溢　　　　　　　　100

　　贷：库存现金　　　　　　　　　　　　　　　　　　　　　　100

批准后：

借：其他应收款　　　　　　　　　　　　　　　　　　　　100

　　贷：待处理财产损溢——待处理流动资产损溢　　　　　　　100

（2）批准前：

借：原材料　　　　　　　　　　　　　　　　　　　　　1 000

　　贷：待处理财产损溢——待处理流动资产损溢　　　　　　1 000

批准后：

借：待处理财产损溢——待处理流动资产损溢　　　　　　1 000

　　贷：管理费用　　　　　　　　　　　　　　　　　　　　1 000

（3）批准前：

借：待处理财产损溢——待处理流动资产损溢   1 000

    贷：原材料   1 000

批准后：

借：管理费用   1 000

    贷：待处理财产损溢——待处理流动资产损溢   1 000

（4）批准前：

借：待处理财产损溢——固定资产盘亏   5 000

    累计折旧   5 000

    贷：固定资产   10 000

批准后：

借：其他应收款   1 000

    营业外支出   4 000

    贷：待处理财产损溢——固定资产盘亏   5 000

下篇 财务会计篇

第五章

流动资产

一、**单项选择题**（每题只有一个答案是正确的；将正确答案对应的字母填入括号）

1. 我国会计核算中的货币资金指的是（　　）。
    A. 库存现金
    B. 银行存款
    C. 有价证券
    D. 库存现金、银行存款、其他货币资金

2. 企业对银行本票存款进行核算所采用的科目是（　　）。
    A. 现金
    B. 银行存款
    C. 其他应收款
    D. 其他货币资金

3. 企业一般不得从本单位的现金收入中直接支付现金，因特殊情况需要支付现金的，应事先报经（　　）审查批准。
    A. 本企业财务机构负责人
    B. 上级主管部门
    C. 开户银行
    D. 财税部门

4. 企业将款项汇往外地开立采购专用账户时，应借记的会计科目是（　　）。
    A. 委托收款
    B. 物资采购
    C. 应收账款
    D. 其他货币资金

5. 在企业的现金清查中，经检查仍无法查明原因的现金短款，经批准后应计入（　　）。
    A. 财务费用
    B. 销售费用
    C. 管理费用
    D. 营业外支出

6. 企业在银行开立的账户中，可以办理提现业务以发放工资的是（　　）。
    A. 专用存款账户
    B. 基本存款账户
    C. 临时存款账户
    D. 一般存款账户

7. 下列各项不属于其他货币资金的是（　　）。
    A. 银行本票存款
    B. 存出投资款
    C. 信用卡存款
    D. 有价证券

8. 预付账款不多的企业，可以不设"预付账款"科目，而将预付账款记入（   ）。

    A. "应收账款"科目的借方   B. "应收账款"科目的贷方

    C. "应付账款"科目的借方   D. "应付账款"科目的贷方

9. 20×3年4月16日，A企业销售产品一批，价款400万元，增值税额64万元，收到期限为6个月的商业承兑汇票一张，年利率为7%，则该票据到期时，A企业收到的票款为（   ）万元。

    A. 468   B. 480.24   C. 400   D. 414

10. 企业应按期计提坏账准备，对于已确认的坏账损失，应借记（   ）。

    A. "管理费用"科目   B. "财务费用"科目

    C. "坏账准备"科目   D. "资产减值损失"科目

11. A企业将销售商品收到的银行承兑汇票背书转让给B企业，用于支付购买原材料的价款，应贷记的科目是（   ）。

    A. 应收账款   B. 应收票据   C. 应付票据   D. 银行存款

12. 企业的应收票据在到期时，承兑人无力偿还票款的，应将其转入（   ）科目。

    A. 应收账款   B. 应付账款   C. 其他应收款   D. 预收账款

13. 下列各项支出中，一般纳税企业不计入存货成本的是（   ）。

    A. 增值税进项税额   B. 入库前的挑选整理费

    C. 购进存货时支付的进口关税   D. 购进存货时发生的运输费用

14. 企业清查存货，发现存货盘亏，无法查明原因，则应当计入（   ）。

    A. 财务费用   B. 管理费用

    C. 其他业务成本   D. 营业外支出

15. 20×2年12月31日，A企业持有的库存甲材料账面价值（成本）为360万元，市场购买价格为345万元，假设不发生其他购买费用，用甲材料生产的乙产品可变现净值为580万元，乙产品的成本为570万元。则20×2年12月31日甲材料的账面价值为（   ）万元。

    A. 360   B. 345   C. 580   D. 570

16. 交易性金融资产主要是指企业为了近期内出售而持有的金融资产。下列各项中不属于交易性金融资产的是（   ）。

    A. 企业以赚取差价为目的从一级市场购入的股票

    B. 企业对联营企业的权益性投资

    C. 企业以赚取差价为目的从二级市场购入的认股权证

    D. 企业以赚取差价为目的从二级市场购入的开放式基金

17. 根据我国《企业会计准则——金融工具确认和计量》规定，企业的交易性金融资产在持有期间取得的现金股利，应确认为（   ）。

    A. 投资收益   B. 营业外收入

    C. 财务费用   D. 交易性金融资产成本的调整

18. 企业已计提坏账准备的应收账款确实无法收回，按管理权限报经批准作为坏账转销时，应编制的会计分录是（　　）。

    A. 借记"资产减值损失"科目，贷记"坏账准备"科目

    B. 借记"管理费用"科目，贷记"应收账款"科目

    C. 借记"坏账准备"科目，贷记"应收账款"科目

    D. 借记"坏账准备"科目，贷记"资产减值损失"科目

19. 企业将款项汇往异地银行开立采购专户，编制该业务的会计分录时应当（　　）。

    A. 借记"应收账款"科目，贷记"银行存款"科目

    B. 借记"其他货币资金"科目，贷记"银行存款"科目

    C. 借记"其他应收款"科目，贷记"银行存款"科目

    D. 借记"材料采购"科目，贷记"其他货币资金"科目

20. 下列各项中，不通过"其他应收款"科目核算的是（　　）。

    A. 为购货方代垫的运费　　　　　　B. 应收保险公司的各项赔款

    C. 为职工代垫的房租　　　　　　　D. 存出保证金

二、多项选择题（每题至少有两个答案是正确的；将正确答案对应的字母填入括号）

1. 根据现金管理规定，下列各项允许使用现金的有（　　）。

    A. 向个人收购农副产品支付的价款

    B. 出差人员随身携带的差旅费

    C. 支付给职工的工资及各项福利费用

    D. 采购原材料支付的价款

    E. 按照国家规定发给个人的科技进步奖

2. 会导致企业银行存款日记账余额大于银行存款的有（　　）。

    A. 企业已经收款入账，银行尚未收款入账的款项

    B. 企业已经付款入账，银行尚未付款入账的款项

    C. 银行已经收款入账，企业尚未收款入账的款项

    D. 银行已经付款入账，企业尚未付款入账的款项

    E. 企业、银行收付款同时入账

3. 下列事项中，不符合银行结算纪律的有（　　）。

    A. 考虑企业的未来现金收入，签发了一张远期支票

    B. 在不影响企业自身业务的情况下，将账户暂借给他人使用

    C. 根据自身业务需要，企业可开立多个基本存款账户

    D. 支票必须由指定人员签发，其他人员一律不准签发

    E. 企业是否付款由其自主决定，不用考虑账户是否有足够的资金

4. 现金溢缺的会计核算涉及的科目有（　　）。

    A. 待处理财产损溢　　　　　　　　B. 管理费用

C. 其他应收款

D. 营业外收入

E. 营业外支出

5. 其他货币资金包括（　　　　）。

A. 银行存款

B. 外埠存款

C. 备用金

D. 存出投资款

E. 信用卡存款

6. 下列各项中，构成应收账款入账价值的有（　　　　）。

A. 增值税销项税额

B. 商业折扣

C. 代购货方垫付的保险费

D. 销售货款

E. 代购货方垫付的运杂费

7. 下列各项中，应计入"坏账准备"科目贷方的有（　　　　）。

A. 按规定提取的坏账准备

B. 当期发生的坏账损失

C. 收回已确认为坏账并转销的应收账款

D. 冲回多提的坏账准备

E. 补提的坏账准备

8. 下列各项中，会影响应收账款账面价值的有（　　　　）。

A. 收回前期应收账款

B. 发生赊销商品的业务

C. 收回已转销的坏账

D. 结转到期不能收回的票据

E. 按规定计提应收账款的坏账准备

9. 下列各项应计入工业企业存货成本的有（　　　　）。

A. 运输途中的合理损耗

B. 入库前的挑选整理费用

C. 存货运到企业并验收入库前所发生的运杂费

D. 进口原材料支付的关税

E. 自然灾害造成的原材料净损失

10. 下列各项属于企业存货的有（　　　　）。

A. 委托加工材料

B. 在产品

C. 特种储备物资

D. 产成品

E. 受托加工物资

11. 下列各项中，应计提坏账准备的有（　　　　）。

A. 应收账款

B. 应收票据

C. 预付账款

D. 其他应收款

12. 下列说法中正确的有（　　　）。

    A. 购入的交易性金融资产实际支付的价款中包含的已宣告但尚未领取的现金股利或已到付息期但尚未领取的债券利息，应单独核算，不构成交易性金融资产的成本

    B. 为购入交易性金融资产所支付的相关费用，不计入该资产的成本

    C. 为购入交易性金融资产所支付的相关费用，应计入该资产的成本

    D. 交易性金融资产在持有期间，收到现金股利，应确认投资收益

三、判断题（判断每题的陈述正确与否：如果正确，在题目的括号中划"√"；如果错误，在题目的括号中划"×"）

1. 现金清查时发现现金溢余，将溢余金额记入"待处理财产损溢"科目，后经进一步核查，无法查明原因，经批准后，冲减当期管理费用。（　　　）

2. 企业到外地进行零星或临时采购，汇往采购地银行开立采购专户的款项，应借记"其他货币资金——外埠存款"科目，贷记"银行存款"科目。（　　　）

3. 企业内部各部门周转使用的备用金，应在"其他应收款"科目核算，或单独设置"备用金"科目核算。（　　　）

4. 企业应向职工收取的暂付款项可在"应收账款"科目进行核算。（　　　）

5. 企业实际发生坏账损失时，应借记"坏账准备"科目，贷记"应收账款"科目。（　　　）

6. 无息票据的贴现所得一定小于票据面值，而有息票据的贴现所得则不一定小于票据面值。（　　　）

7. 应收款项属于企业的一项金融资产。（　　　）

8. 自然灾害造成的原材料净损失应该计入原材料的入账价值。（　　　）

9. 企业确认存货时，应以存货是否具有法定所有权和是否存放在企业为依据。（　　　）

10. 企业期末清查存货发现存货盘盈，经批准后，应冲减"管理费用"科目。（　　　）

四、业务题

1. 某企业 20×2 年 4 月发生经济业务如下：

（1）4 月 2 日，出纳员开出现金支票 3 000 元，补充库存现金。

（2）4 月 4 日，财审部报销办公用品款，以现金支付 160 元。

（3）4 月 7 日，李某出差预借差旅费 1 000 元，以现金支付。

（4）4 月 9 日，对现金进行清查，发现现金短款 200 元。期末无法查明原因，经批准计入当期费用。

（5）4 月 17 日，由当地银行汇往 B 市某银行临时采购货款 40 000 元。

（6）4 月 18 日，李某出差回来，报销差旅费 850 元。

（7）4 月 20 日，在 B 市购买原材料，增值税专用发票注明价款 30 000 元，增值税额

4 800元，材料尚未运到。转回临时采购账户剩余存款。

要求：根据上述业务编制会计分录。

2. 甲企业采用应收账款余额百分比法计提坏账准备，计提比例为0.5%。20×2年末坏账准备科目为贷方余额7 000元。20×3年甲企业应收账款及坏账损失发生情况如下：

（1）1月20日，收回上年已转销的坏账损失20 000元。

（2）6月4日，获悉应收乙企业的账款45 000元，由于该企业破产无法收回，确认坏账损失。

（3）20×3年12月31日，甲企业应收账款余额为1 200 000元。

要求：编制上述有关坏账准备的会计分录。

3. M企业为增值税一般纳税人，适用税率为16%。有关存货资料如下：

（1）A材料账面成本为80 000元，20×2年12月31日由于市场价格下跌，预计可变现净值为70 000元；20×3年12月31日，由于市场价格上升，预计可变现净值为75 000元。20×3年6月购入B材料，账面成本1 000 000元，12月31日，由于市场价格下跌，预计可变现净值为950 000元，M企业按单项计提存货跌价准备。

（2）20×3年6月30日对存货进行盘点，发现甲商品盘亏10件，每件账面成本为150元；盘盈乙商品2件，每件账面成本50元。均无法查明原因，经批准对盘盈及盘亏商品进行了处理。

（3）20×3年7月24日，委托N企业加工原材料一批，发出材料成本为7 000元。

（4）20×3年8月6日，收回由N企业加工的原材料，支付加工费1 100元（不含增值税），并由N企业代扣代缴消费税，税率为10%。M企业收回的原材料用于继续生产应税消费品，双方增值税税率均为16%。

要求：根据上述资料编制相关会计分录。

五、综合题

1. 小李刚参加工作，在A公司做出纳员工作，遇到过下列情况：

（1）在两次例行的现金清查中，分别发现现金短缺100元和现金溢余50元。小李弄不明白原因，为保全自己的面子，息事宁人，现金短缺的100元他自己补上，现金溢余的50元自己收起。

（2）每次编制银行存款余额调节表时，只根据公司银行存款日记账的余额，加或减对账单中企业的未入账款项来确定公司银行存款的实有数，而且每次做完银行存款余额调节表后，立即将未入账的款项登记入账。

要求：分析小李对上述业务的处理是否正确，给出正确答案。

2. 奔腾股份有限公司是生产电子产品的上市公司，为增值税一般纳税企业，企业按单项存货、按年计提跌价准备。20×2年12月31日，该公司期末存货有关资料如下：

存货品种	数量	单位成本（万元）	账面余额（万元）	备注
A 产品	280 台	15	4 200	
B 产品	500 台	3	1 500	
C 产品	1 000 台	1.7	1 700	
D 配件	400 件	1.5	600	用于生产 C 产品
合计			8 000	

20×2 年 12 月 31 日，A 产品市场销售价格为每台 13 万元，预计销售费用及税金为每台 0.5 万元；B 产品市场销售价格为每台 3 万元。奔腾公司已经与某企业签订一份不可撤销销售合同，约定在 20×3 年 2 月 1 日以合同价格为每台 3.2 万元的价格向该企业销售 B 产品 300 台。B 产品预计销售费用及税金为每台 0.2 万元；C 产品市场销售价格为每台 2 万元，预计销售费用及税金为每台 0.15 万元；D 配件的市场价格为每件 1.2 万元，现有 D 配件可用于生产 400 台 C 产品，用 D 配件加工成 C 产品后预计 C 产品单位成本为 1.75 万元。

20×1 年 12 月 31 日，A 产品和 C 产品的存货跌价准备余额分别为 800 万元和 150 万元，对其他存货未计提存货跌价准备；20×2 年销售 A 产品和 C 产品分别结转存货跌价准备 200 万元和 100 万元。

要求：根据上述资料，分析计算奔腾公司 20×2 年 12 月 31 日应计提或转回的存货跌价准备，并编制相关的会计分录。

参考答案

一、单项选择题

1. D   2. D   3. C   4. D   5. C   6. B   7. D   8. C
9. B   10. C   11. B   12. A   13. A   14. B   15. A   16. B
17. A   18. C   19. B   20. A

二、多项选择题

1. ABCE   2. AD   3. ABCE   4. ABCD   5. BDE   6. ACDE   7. ACE
8. ABDE   9. ABCD   10. ABD   11. ABD   12. ABD

三、判断题

1. ×   2. √   3. √   4. ×   5. √   6. √   7. √   8. ×   9. ×
10. √

四、业务题

1.

（1）借：库存现金   3 000

       贷：银行存款   3 000

（2）借：管理费用   160

       贷：库存现金   160

（3）借：其他应收款   1 000

       贷：库存现金   1 000

（4）借：待处理财产损溢   200

       贷：库存现金   200

     借：管理费用   200

       贷：待处理财产损溢   200

（5）借：其他货币资金——外埠存款   40 000

       贷：银行存款   40 000

（6）借：管理费用   850

     库存现金   150

       贷：其他应收款   1 000

（7）借：材料采购   30 000

     应交税费——应交增值税（进项税额）   4 800

     银行存款   5 200

       贷：其他货币资金——外埠存款   40 000

2.

（1）借：应收账款   20 000

       贷：坏账准备   20 000

     借：银行存款   20 000

       贷：应收账款   20 000

（2）借：坏账准备   45 000

       贷：应收账款   45 000

（3）当期期末坏账准备余额 = 1 200 000×0.5% = 6 000（元）

提取坏账准备前科目余额 = 7 000 + 20 000 − 45 000 = − 18 000（元）

应补提坏账准备 = 6 000 − （− 18 000） = 24 000（元）

     借：资产减值损失   24 000

       贷：坏账准备   24 000

3.

（1）20×2 年 12 月 31 日，计提 A 材料跌价准备

     借：资产减值损失——计提的存货跌价准备   10 000

       贷：存货跌价准备——A 材料   10 000

20×3 年 12 月 31 日，冲回 A 材料的跌价准备

借：存货跌价准备——A 材料　　　　　　　　　　　　　　5 000

　　贷：资产减值损失——计提的存货跌价准备　　　　　　　　　5 000

20×3 年 12 月 31 日，计提 B 材料的跌价准备

借：资产减值损失——计提的存货跌价准备　　　　　　　　50 000

　　贷：存货跌价准备——B 材料　　　　　　　　　　　　　　50 000

（2）借：待处理财产损溢　　　　　　　　　　　　　　　　1 500

　　　　贷：库存商品——甲商品　　　　　　　　　　　　　　1 500

　　　借：库存商品——乙商品　　　　　　　　　　　　　　　100

　　　　贷：待处理财产损溢　　　　　　　　　　　　　　　　　100

经批准处理：

借：管理费用　　　　　　　　　　　　　　　　　　　　1 500

　　贷：待处理财产损溢　　　　　　　　　　　　　　　　　1 500

借：待处理财产损溢　　　　　　　　　　　　　　　　　100

　　贷：管理费用　　　　　　　　　　　　　　　　　　　　100

（3）借：委托加工物资　　　　　　　　　　　　　　　　7 000

　　　　贷：原材料　　　　　　　　　　　　　　　　　　　7 000

（4）消费税计税价格 =（7 000 + 1 100）/（1 - 10%）= 9 000（元）

代扣代缴消费税 = 9 000 × 10% = 900（元）

应交增值税销项税 = 1 100 × 16% = 176（元）

借：委托加工物资　　　　　　　　　　　　　　　　　1 100

　　应交税费——应交增值税（销项税额）　　　　　　　　176

　　　　　　——应交消费税　　　　　　　　　　　　　900

　　贷：应付账款　　　　　　　　　　　　　　　　　　2 176

借：原材料　　　　　　　　　　　　　　　　　　　　8 100

　　贷：委托加工物资　　　　　　　　　　　　　　　　8 100

五、综合题

1.（1）小李对现金清查结果的处理是错误的，他的处理方法可能会掩盖公司在现金管理与核算中存在的问题。正确处理方法是按照有关的会计规定进行处理：对现金清查中发现的账实不符，首先应通过"待处理财产损溢——待处理流动资产损溢"科目进行核算。现金清查中发现短缺的现金，按短缺金额，借记"待处理财产损溢——待处理流动资产损溢"科目，贷记"库存现金"科目；发现溢余的现金，按实际溢余的金额，借记"库存现金"科目，贷记"待处理财产损溢——待处理流动资产损溢"科目。待查明原因后按规定转账。若无法查明原因，报经主管人员批准后，转作收入或费用处理。

现金短缺部分，属于应由责任人或由保险公司赔偿的部分，记入"其他应收款"或"库存现金"科目，无法查明原因的，经批准后，记入"管理费用"科目。现金溢余部分，属于应支付给有关单位或个人的，记入"其他应付款"等科目；属于无法查明原因的，记入"营业外收入"科目。

（2）小李编制银行存款余额调节表，确定银行存款实有数的方法是错误的。确定银行存款实有数，应考虑以下两方面的原因：一是存在的未达账项；二是企业或银行可能存在的记账错误。未达账项一般存在四种情况：①企业已经收款入账，银行尚未收款入账的款项；②企业已经付款入账，银行尚未付款入账的款项；③银行已经收款入账，企业尚未收款入账的款项；④银行已经付款入账，企业尚未付款入账的款项；小李在确定银行存款实有数时只考虑了上述③、④两种情况，忽略了前两种情况。

按照现行规定，发生未达账项时，应编制银行存款余额调节表进行调节。调节后，双方余额如果相等，一般表明双方记账没有错误。如果双方余额不相等，一般表明双方记账有错误，需要进一步查对。属于银行方面的原因，应及时通知银行更正；属于本单位原因，应按错账更正办法进行更正。

小李对未达账项的处理方法错误。银行对账单和银行存款余额调节表只是用来核对账目的，不是记账依据。小李每次做完银行存款余额调节表后，立即将未入账的款项登记入账的做法，不符合规定，应该在相关未达账项符合入账标准时入账。

2.

A产品：

可变现净值 $= 280 \times (13 - 0.5) = 3\,500$（万元）$< 4\,200$ 万元

则A产品应计提跌价准备为 $4\,200 - 3\,500 = 700$（万元）

本期应计提存货跌价准备 $= 700 - (800 - 200) = 100$（万元）

B产品：

有合同部分的可变现净值 $= 300 \times (3.2 - 0.2) = 900$（万元）

成本 $= 300 \times 3 = 900$（万元），则有合同部分不用计提存货跌价准备；

无合同部分的可变现净值 $= 200 \times (3 - 0.2) = 560$（万元）

成本 $= 200 \times 3 = 600$（万元）

应计提存货跌价准备 $= 600 - 560 = 40$（万元）

C产品：

可变现净值 $= 1\,000 \times (2 - 0.15) = 1\,850$（万元）

成本为 $1\,700$ 万元，则C产品不用计提准备，同时把原有余额 $150 - 100 = 50$（万元）存货跌价准备转回。

D配件：

对应产品C的成本 $= 600 + 400 \times (1.75 - 1.5) = 700$（万元）

可变现净值 = 400 × (2 − 0.15) = 740（万元），C 产品未减值，不用计提存货跌价准备。

20 × 2 年 12 月 31 日，作如下会计分录：

借：资产减值损失　　　　　　　　　　　　　　　　　1 000 000

　　贷：存货跌价准备——A 产品　　　　　　　　　　　　1 000 000

借：资产减值损失　　　　　　　　　　　　　　　　　400 000

　　贷：存货跌价准备——B 产品　　　　　　　　　　　　400 000

借：存货跌价准备——C 产品　　　　　　　　　　　　500 000

　　贷：资产减值损失　　　　　　　　　　　　　　　　500 000

第六章

非流动资产

一、单项选择题（每题只有一个答案是正确的；将正确答案对应的字母填入括号）

1. 下列不属于固定资产的是（　　）。
   A. 未使用固定资产
   B. 土地使用权
   C. 出租固定资产
   D. 不需用固定资产

2. 外购固定资产不计入成本的支出是（　　）。
   A. 买价　　　　B. 安装费　　　C. 增值税　　　D. 进口关税

3. 影响固定资产折旧的因素不包括（　　）。
   A. 原价
   B. 预计净残值
   C. 实际发生清理时的清理费用
   D. 预计使用寿命

4. 一台设备，原价50 000元，预计净残值率4%，预计使用5年，采用双倍余额递减法计提折旧，第二年的折旧额为（　　）元。
   A. 20 000　　　B. 12 000　　　C. 10 000　　　D. 9 600

5. 出租固定资产提取的折旧费，应计入的账户是（　　）。
   A. 其他业务成本　B. 管理费用　　　C. 销售费用　　　D. 制造费用

6. 清理报废固定资产发生的净收益，应从"固定资产清理"账户转出计入下列（　　）账户。
   A. 营业外收入　　B. 营业外支出　　C. 生产成本　　　D. 本年利润

7. 以下说法正确的是（　　）元。
   A. 无形资产没有残值
   B. 无形资产都应进行价值摊销
   C. 无形资产摊销开始时间应为取得当月
   D. 无形资产摊销方法应采用直线法

8. 无形资产摊销的价值，在会计核算时应计入（　　）账户的借方。
   A. 其他业务成本
   B. 累计摊销
   C. 无形资产
   D. 管理费用

9. 长期股权投资初始成本不应包括的是（　　）。
   A. 与投资相关的直接费用
   B. 与投资直接相关的税金
   C. 购买价款
   D. 已宣告但尚未支付的现金股利

10. 在权益法下，接受投资方发放现金股利时，投资方在进行会计处理时应计入贷方的账户是（   ）。

    A. 长期股权投资   B. 投资收益

    C. 应收股利   D. 银行存款

二、多项选择题（每题至少有两个答案是正确的；将正确答案对应的字母填入括号）

1. 下列采用权益法进行长期股权投资核算的适用范围包括（   ）。

    A. 投资企业对被投资方具有共同控制，即对合资企业的投资

    B. 投资企业对被投资方具有重大影响，即对联营企业的投资

    C. 投资企业对被投资方具有控制权，即对子公司的投资

    D. 投资企业对被投资方不具有控制、共同控制或重大影响，且在活跃市场没有报价、公允价值不能可靠计量的权益投资

2. 以下属于无形资产的项目包括（   ）。

    A. 商标权   B. 专利权   C. 商誉   D. 著作权

3. 下列应提取折旧的情况包括（   ）。

    A. 未使用固定资产   B. 不需用固定资产

    C. 出租固定资产   D. 当月减少固定资产

4. 根据《企业会计准则第4号——固定资产》规定，下列说法正确的有（   ）。

    A. 企业可以任意选择固定资产折旧方法

    B. 固定资产折旧方法一经确定，不得随意改变

    C. 企业每年度终了，应当对折旧方法进行复核

    D. 若企业固定资产预期经济利益实现方式发生重大改变，应当改变折旧方法

5. 下列属于加速折旧的方法包括（   ）。

    A. 直线法   B. 工作量法

    C. 双倍余额递减法   D. 年数总和法

三、判断题（判断每题的陈述正确与否：如果正确，在题目的括号中划"√"；如果错误，在题目的括号中划"×"）

1. 双倍余额递减法下，计算年折旧额的公式是用双倍折旧率乘以固定资产年初账面净值。   （   ）

2. 加速折旧法下，各年的折旧额是第一年最少，之后年度逐渐增加，呈加速趋势。（   ）

3. 固定资产投入使用后发生的修理费支出，通常情况下应按发生额直接计入当期损益。   （   ）

4. 固定资产投入使用当月应当开始计提折旧额。   （   ）

5. 固定资产报废清理净损益应当结转至"营业外收入"或"营业外支出"账户。（   ）

6. 自行研究开发无形资产在研究阶段的支出应当记入"研发支出——费用化支出"

账户。　　　　　　　　　　　　　　　　　　　　　　　　（　　）

7. 根据《企业会计准则第 6 号——无形资产》规定，使用寿命不确定的无形资产无须摊销其价值。　　　　　　　　　　　　　　　　　　　　　　　（　　）

8. 无形资产减值损失已经确定，以后不得转回。　　　　　　　　（　　）

9. 同一控制下的企业合并中，合并方确定的长期股权投资初始成本应当以合并日合并方付出的现金或转让的非现金资产公允价值计量。　　　　　　　　　（　　）

10. 权益法下，长期股权投资的初始投资成本小于投资时应享有被投资单位可辨认净资产公允价值份额的，其差额应当计入资本公积。　　　　　　　　　（　　）

四、简答题

1. 固定资产的确认标准是什么？

2. 长期股权投资成本法的特点和成本法的适用范围是什么？

五、计算及会计分录

1. 目的：掌握固定资产增加的核算。

资料：A 公司本期发生如下经济业务。

（1）购进一台无须安装的生产设备，发票中注明买价 123 000 元，增值税额 19 680 元，运杂费等 1 600 元。全部款项通过银行支付，设备已交付生产使用。

（2）购入需安装设备一台，买价 85 200 元，增值税额 14 484 元，包装及运杂费 629 元，款项通过银行付清，设备已经入库。

（3）将上述设备投入安装，以支票支付安装费用 1 200 元。设备安装完毕，运转正常，交付生产部门使用。

（4）接受其他单位一项资产投资，标的资产为一台车床，双方协议价格为 179 000 元，公允价值为 188 000 元，增值税税率为 16%，该车床已经投入使用。

要求：根据上述资料为 A 公司编制相关会计分录。

2. 目的：掌握固定资产折旧的计算。

资料：P 公司一台设备，原价 50 000 元，预计净残值率 3%，预计使用寿命为 5 年。

要求：分别采用年限平均法、双倍余额递减法及年数总和法计算各年的折旧额、折旧率。

3. 目的：掌握固定资产折旧的核算。

资料：P 公司对固定资产采用年限平均法计提折旧，20×3 年 5 月提取固定资产折旧总额 138 000 元（见下表），当月生产部门新增一台车床，原价 41 800 元，预计使用寿命 4 年，预计净残值率 4%；该月份专设销售机构报废一台机器设备，该设备月折旧额为 3 800 元。

要求：计算 20×3 年 6 月折旧额。

固定资产折旧计算汇总表

20×3 年 6 月 　　　　　　　　　　　　　　　　　　　　　　　　金额单位：元

使用部门		上月计提折旧额	上月增加固定资产应计提折旧额	上月减少固定资产应计提折旧额	本月应计提折旧额
生产车间	生产用	50 000			
	管理用	20 000			
	合计	70 000			
行政管理部门用		48 000			
专设销售机构用		20 000			
总计		138 000			

4. 目的：掌握固定资产清理的核算。

资料：经批准，企业报废一台寿命到期设备。该设备原价 50 000 元，预计净产值率 3%。报废时残值收入 5 600 元，发生清理费用 1 800 元，款项均已通过银行收付。清理结束结转清理净损益。

要求：编制固定资产清理整个过程的会计分录。

5. 目的：掌握 M 公司无形资产取得、摊销及处置的核算。

资料：

（1）M 公司与 Q 公司于 20×2 年 1 月 2 日签订一项购买专利权合同，即日起 M 公司获得 Q 公司转让的该项发明专利所有权。M 公司确定，该专利技术应用后将极大提高本公司产品的技术含量和市场竞争力。合同规定，M 公司向对方支付专利技术转让费 200 万元。转让完成后 M 公司对该专利权采用直线法，并按法律规定 20 年期限进行价值摊销。20×2 年 12 月 31 日，公司对该项专利权进行账面价值检查，发现因客观环境变化引起该项资产发生减值，预计可收回金额为 182 万元。20×3 年 1 月 3 日，经研究决定将该专利权出售，售价 180 万元已通过银行收取。（假设该专利权残值为零，不考虑税费因素）

（2）M 公司一项自行研发的专利技术已进入开发阶段，在此过程中发生的符合资本化支出金额为 340 000 元，其中：领用材料费用 200 000 元；人员薪酬 140 000 元。不符合资本化支出的金额为 50 000 元，已经通过银行支付。假定，该专利技术开发完成，已达到预定可使用状态。

（3）M 公司向另一企业出租一项商标使用权，租约规定每年收取租金 280 000 元，当年租金已收取存入银行，适用增值税税率 5%。该商标权账面余额为 1 000 000 元，剩余摊销年限 5 年。

要求：根据上述资料编制会计分录。

6. 目的：掌握长期股权投资成本法的核算。

资料：A 公司于 20×2 年 2 月 5 日，通过证券市场购入 B 上市公司普通股票 80 万股，占 B 公司总股本的 2%，每股买价 6.21 元，另外支付成交价款 0.5% 的相关税费，全部款项已经通过投资账户支付。3 月 20 日，B 公司在媒体上公布 20×1 年年报，该年实现净利润 1.52 亿元，决定发放每股 0.60 元现金股利。5 月 12 日，公司收到现金股利存入银行。

要求：根据以上资料编制会计分录。

7. 目的：掌握长期股权投资权益法的核算。

资料：J 公司于 20×1 年 1 月 1 日，以每股 5 元的价格购买 K 公司的普通股票 10 000 000 股，持股比例为 20%，准备长期持有，该投资对 K 公司产生重大影响。全部款项以银行存款支付，当日 K 公司可辨认净资产公允价值为 230 000 000 元。20×1 年 K 公司实现净利润 18 600 000 元。20×2 年 3 月 1 日 K 公司宣告发放现金股利 6 200 000 元。20×2 年 5 月 10 日收到现金股利，存入银行。20×2 年度 K 公司发生净亏损 3 000 000 元。20×3 年 4 月 20 日，J 公司将持有的 K 公司股票全部出售，获价款 49 100 000 元，款项存入银行。

要求：根据上述资料编制相关会计分录。

参考答案

一、单项选择题
1. B　　2. C　　3. C　　4. B　　5. A　　6. A　　7. C　　8. D
9. D　　10. A

二、多项选择题
1. AB　　2. ABD　　3. ABCD　　4. BCD　　5. CD

三、判断题
1. ×　　2. ×　　3. √　　4. ×　　5. √　　6. √　　7. √　　8. √　　9. ×
10. ×

四、简答题
1. 答：固定资产（fixed assets），是指同时具有下列特征的有形资产：（1）为生产商品、提供劳务、出租或经营管理而持有的；（2）使用寿命超过一个会计年度。

企业将一项资产确认为固定资产，该资产应当在符合固定资产定义的同时满足以下两个条件时，才能加以确认：

① 与该固定资产有关的经济利益很可能流入企业。

② 该固定资产的成本能够可靠地计量。

2. 答：成本法，是指长期股权投资按投资成本计价的方法。

长期股权投资成本法的适用范围是：

① 投资企业能够对被投资单位实施控制的长期股权投资。

② 投资企业对被投资单位不具有共同控制或重大影响，并且在活跃市场中没有报价、公允价值不能可靠计量的长期股权投资。

特点：采用成本法核算的长期股权投资，取得投资时应当按照初始投资成本计价。投资持有期间，应当按照持股比例计算确定的投资后被投资单位宣告分派的现金股利或利润，应确认为当期投资收益。处置长期股权投资时，应将长期股权投资账面价值与实际取得价款的差额，计入当期损益。

五、计算及会计分录

1.

（1）借：固定资产 124 600
　　　　应交税费——应交增值税（进项税额） 19 680
　　　　贷：银行存款 144 280

（2）借：在建工程 85 829
　　　　应交税费——应交增值税（进项税额） 14 484
　　　　贷：银行存款 100 313

（3）借：在建工程——安装工程 87 029
　　　　贷：工程物资 85 829
　　　　　　银行存款 1 200
　　借：固定资产 87 029
　　　　贷：在建工程 87 029

（4）借：固定资产 188 000
　　　　应交税费——应交增值税（进项税额） 30 080
　　　　贷：实收资本 179 000
　　　　　　资本公积 39 080

2.

（1）年限平均法：

应计折旧总额 = 50 000 × (1 − 3%) = 48 500（元）

年平均折旧额 = 48 500 ÷ 5 = 9 700（元）

（2）双倍余额递减法：

双倍直线折旧率 = 2 ÷ 5 = 40%；预计净残值 = 50 000 × 3% = 1 500（元）。

固定资产折旧计算表　　　　　　　　　　　　　金额单位：元

年次	年初账面净值	折旧率（%）	年折旧额	累计折旧额	期末账面净值
1	50 000	40	20 000	20 000	30 000
2	30 000	40	12 000	32 000	18 000
3	18 000	40	7 200	39 200	10 800
4	10 800	—	4 650	43 850	6 150
5	6 150	—	4 650	48 500	1 500

第四、第五年采用年限平均法计算折旧，每年折旧额 = （10 800 – 1 500）÷ 2 = 4 650（元）

（3）年数总和法：

固定资产折旧计算表　　　　　　　　金额单位：元

年次	原价——预计净残值	折旧率	年折旧额	累计折旧额	期末账面净值
1	48 500	5/15	16 166.67	16 166.67	33 833.33
2	48 500	4/15	12 933.33	29 100	19 400
3	48 500	3/15	9 700	38 800	11 200
4	48 500	2/15	6 466.67	45 266.67	4 733.33
5	48 500	1/15	3 233.33	48 500	1 500

3. 20 × 3 年折旧计算：

5 月新增车床应计月折旧额 = 41 800 × （1 – 4%）÷ 48 = 836（元）

金额单位：元

使用部门		上月计提折旧额	上月增加固定资产应计提折旧额	上月减少固定资产应计提折旧额	本月应计提折旧额
生产车间	生产用	50 000	836		50 836
	管理用	20 000			20 000
	合计	70 000	836		70 836
行政管理部门用		48 000			48 000
专设销售机构用		20 000		3 800	16 200
总计		138 000	836	3 800	135 036

4.

（1）结转累计折旧，注销账面原价

借：固定资产清理		1 500
累计折旧		48 500
贷：固定资产		50 000

（2）支付清理费

借：固定资产清理		1 800
贷：银行存款		1 800

（3）残值收入

借：银行存款		5 600
贷：固定资产清理		5 600

（4）结转清理净损益

借：固定资产清理		2 300
贷：营业外收入		2 300

5.

（1）

① 借：无形资产　　　　　　　　　　　　　　　　　　　　2 000 000

　　　贷：银行存款　　　　　　　　　　　　　　　　　　　　2 000 000

② 借：管理费用　　　　　　　　　　　　　　　　　　　　　100 000

　　　贷：累计摊销　　　　　　　　　　　　　　　　　　　　100 000

③ 减值损失＝（200万元－10万元）－182万元＝8（万元）

借：资产减值损失　　　　　　　　　　　　　　　　　　　　80 000

　　贷：无形资产减值准备　　　　　　　　　　　　　　　　　80 000

④ 借：银行存款　　　　　　　　　　　　　　　　　　　　1 800 000

　　累计摊销　　　　　　　　　　　　　　　　　　　　　100 000

　　无形资产减值准备　　　　　　　　　　　　　　　　　　80 000

　　营业外支出　　　　　　　　　　　　　　　　　　　　　20 000

　　贷：无形资产　　　　　　　　　　　　　　　　　　　2 000 000

（2）

① 借：研发支出——资本化支出　　　　　　　　　　　　　　340 000

　　　　　　——费用化支出　　　　　　　　　　　　　　50 000

　　贷：原材料　　　　　　　　　　　　　　　　　　　　200 000

　　　应付职工薪酬　　　　　　　　　　　　　　　　　　140 000

　　　银行存款　　　　　　　　　　　　　　　　　　　　50 000

② 借：无形资产　　　　　　　　　　　　　　　　　　　　340 000

　　管理费用　　　　　　　　　　　　　　　　　　　　　50 000

　　贷：研发支出——资本化支出　　　　　　　　　　　　340 000

　　　　　　——费用化支出　　　　　　　　　　　　　50 000

（3）借：银行存款　　　　　　　　　　　　　　　　　　　　294 000

　　贷：其他业务收入　　　　　　　　　　　　　　　　　280 000

　　　应交税费——应交增值税（销项税额）　　　　　　　14 000

　　　借：其他业务成本　　　　　　　　　　　　　　　　200 000

　　　　贷：累计摊销　　　　　　　　　　　　　　　　　200 000

6.

（1）投资时会计分录

借：长期股权投资　　　　　　　　　　　　　　　　　　　4 992 840

　　贷：银行存款　　　　　　　　　　　　　　　　　　　4 992 840

（2）3月20日，对方宣告股利

借：应收股利   480 000

  贷：投资收益   480 000

（3）5月12日收到股利

借：银行存款   480 000

  贷：应收股利   480 000

7.

（1）投资时投资成本超过在对方净资产公允价值中所占份额部分不必调整投资成本

借：长期股权投资——K公司（成本）   50 000 000

  贷：银行存款   50 000 000

（2）投资收益 = 1 860 万元×20% = 372（万元）

借：长期股权投资——K公司（损益调整） 3 720 000

  贷：投资收益   3 720 000

（3）对方宣告现金股利

借：应收股利   1 240 000

  贷：长期股权投资——K公司（损益调整） 1 240 000

（4）收取股利

借：银行存款   1 240 000

  贷：应收股利   1 240 000

（5）20×2年对方发生亏损

借：投资收益   600 000

  贷：长期股权投资——K公司（损益调整） 600 000

（6）出售投资计算损益

出售时长期股权投资账面价值 = 成本 + 损益调整 = 5 000 万元 + 188 万元 = 5 188（万元）

损失 = 出售收入 − 长期股权投资账面价值 = 4 910 万元 − 5 188 万元 = 278（万元）

借：银行存款   49 100 000

  投资收益   2 780 000

  贷：长期股权投资——K公司（成本） 50 000 000

       ——K公司（损益调整） 1 880 000

第七章

负　债

一、单项选择题（每题只有一个答案是正确的；将正确答案对应的字母填入括号）

1. 按现行会计制度规定，短期借款所发生的利息，一般应借记的科目是（　　）。

    A. 管理费用
    B. 营业外支出
    C. 财务费用
    D. 投资收益

2. 企业开出并承兑的商业承兑汇票如果不能如期支付，应在票据到期时将应付票据账面余额转入（　　）。

    A. 应收账款
    B. 应付账款
    C. 坏账损失
    D. 继续保留在"应付票据"中

3. 下列项目中属于流动负债的是（　　）。

    A. 预付账款
    B. 应付债券
    C. 应付利息
    D. 长期借款

4. 企业计提的到期一次性还本付息的长期借款利息，应贷记（　　）。

    A. 应付利息
    B. 长期应付款
    C. 长期借款
    D. 预提费用

5. 不考虑其他因素的条件下，当资金的市场利率低于债券的票面利率时应按（　　）。

    A. 折价发行债券
    B. 溢价发行债券
    C. 平价发行债券
    D. 按面值发行债券

6. 就发行债券的企业而言，所获得的债券溢价收入实质是（　　）。

    A. 为以后少付利息而付出的代价
    B. 为以后多付利息而得到的补偿
    C. 本期利息收入
    D. 以后期间的利息收入

7. 若公司债券溢价发行，溢价按实际利率法摊销，随着溢价的摊销，各期计入财务费用的金额（　　）。

    A. 会逐期减少
    B. 会逐期增加
    C. 与直线法摊销确认的金额相等
    D. 一定小于按直线法确认的金额

8. 若公司债券溢价发行，随着溢价的摊销，按实际利率法摊销的溢价（　　）。

    A. 会逐期减少
    B. 会逐期增加
    C. 与直线法摊销确认的金额相等
    D. 一定小于按直线法摊销的溢价

9. 若公司债券折价发行，折价按实际利率法摊销，随着折价的摊销，各期计入财务费用的金额（　　）。

  A. 会逐期减少   B. 会逐期增加

  C. 与直线法摊销确认的金额相等 D. 一定小于按直线法确认的金额

10. 补偿贸易引进设备所形成的负债，在资产负债表上应包括在（　　）。

  A. 应付账款   B. 其他应付款

  C. 长期借款   D. 长期应付款

11. 某企业以一张期限为 6 个月的商业承兑汇票支付货款，票面价值为 100 万元，票面年利率为 4%。该票据到期时，企业应支付的金额为（　　）万元。

  A. 100   B. 102

  C. 104   D. 140

12. 下列表述中不正确的是（　　）。

  A. 与企业订立劳动合同的全职、兼职和临时职工都属于企业职工范畴

  B. 企业职工范畴不包括未与企业订立劳动合同的兼职职工

  C. 在企业计划和控制下未与企业订立劳动合同也未正式任命的人员，但为企业提供了类似服务，也视同企业职工处理

  D. 未与企业订立劳动合同但由企业正式任命的人员属于企业职工范畴

13. 下列不通过"其他应付款"核算的业务包括（　　）。

  A. 应付经营性租入固定资产的租金

  B. 应付矿产资源补偿费

  C. 应付分期付息债券利息

  D. 应付包装物的租金

14. 企业发行普通债券的核算，以下表述错误的是（　　）。

  A. 将应付债券在其存续期间的未来现金流量折现为该债券当前账面价值所使用的利率为实际利率

  B. "应付债券——利息调整"科目反映的是债券折价与债券面值的差额

  C. "应付债券——利息调整"科目反映的是实际收到的款项与面值的差额

  D. 每期票面利息和实际利息的差就是当期摊销的"利息调整"数

15. 企业按照规定向住房公积金管理机构缴存的住房公积金应该贷记的科目是（　　）。

  A. 其他应付款   B. 管理费用

  C. 应付职工薪酬   D. 其他应交款

16. 企业在无形资产研究阶段发生的职工薪酬应当（　　）。

  A. 计入无形资产成本   B. 计入在建工程成本

  C. 计入长期待摊费用   D. 计入当期损益

17. 下列职工薪酬中，不应根据职工提供服务的受益对象计入成本费用的是（   ）。

    A. 因解除与职工的劳动关系给予的补偿

    B. 构成工资总额的各组成部分

    C. 工会经费和职工教育经费

    D. 医疗保险费、养老保险费、失业保险费、工伤保险费和生育保险费等社会保险费

18. 某股份有限公司于 2007 年 1 月 1 日溢价发行 4 年期，到期一次还本付息的公司债券，债券面值为 100 万元，票面年利率为 10%，发行价格为 90 万元。债券溢价采用实际利率法摊销，假定实际利率是 7.5%，该债券 2007 年度发生的利息费用为（   ）万元。

    A. 6.5   B. 10   C. 6.75   D. 7.5

19. 企业以溢价方式发行债券时，每期实际负担的利息费用是（   ）。

    A. 按实际利率计算的利息费用

    B. 按票面利率计算的应计利息减去应摊销的溢价

    C. 按实际利率计算的应计利息加上应摊销的溢价

    D. 按票面利率计算的应计利息加上应摊销的溢价

20. 就发行债券的企业而言，所获债券溢价收入实质是（   ）。

    A. 为以后少付利息而付出的代价   B. 为以后多付利息而得到的补偿

    C. 本期利息收入   D. 以后期间的利息收入

21. 甲公司于 2007 年 1 月 1 日发行面值总额为 1 000 万元、期限为 5 年的债券，该债券票面利率为 6%，每年年初付息、到期一次还本，发行价格总额为 1 043.27 万元，利息调整采用实际利率法摊销，实际利率为 5%。2007 年 12 月 31 日，该应付债券的账面余额为（   ）万元。

    A. 1 000   B. 1 060   C. 1 035.43   D. 1 095.43

二、多项选择题（每题至少有两个答案是正确的；将正确答案对应的字母填入括号）

1. 将一项负债确认为流动负债，应满足的条件有（   ）。

    A. 预计在一个正常营业周期中清偿

    B. 主要为交易目的持有

    C. 有清偿债务的系统计划

    D. 自资产负债表日起一年内到期应予以清偿

    E. 企业无权自主将清偿推迟至资产负债表日后一年以上

2. 到期一次性还本付息"应付债券"账户的贷方反映的内容有（   ）。

    A. 债券发行时产生的债券溢价   B. 债券溢价的摊销

    C. 期末计提应付债券的利息   D. 支付的债券发行费用

    E. 债券折价的摊销

3. 下列各项属于长期负债的有（   ）。

    A. 长期应付款   B. 应付债券

C. 可转换公司债券　　　　　　D. 长期待摊费用

E. 其他应付款

4. 长期借款所发生的利息支出，可能借记的科目有（　　）。

　　A. 财务费用　　　　　　　　B. 在建工程

　　C. 长期待摊费用　　　　　　D. 管理费用

　　E. 销售费用

5. 流动负债所具备的特点为（　　）。

　　A. 资金成本高　　　　　　　B. 资金成本低

　　C. 偿债压力大　　　　　　　D. 偿债压力小

　　E. 偿还期限短

6. 下列各项中，通过"长期应付款"科目核算的有（　　）。

　　A. 应付补偿贸易引进设备款　　B. 应付融资租赁款

　　C. 从银行取得的长期借款　　　D. 发行长期债券收到的款项

　　E. 应付经营租入固定资产租金

7. 下列各项中，应通过"应付职工薪酬"科目核算的有（　　）。

　　A. 基本工资　　　　　　　　B. 经常性奖金

　　C. 养老保险费　　　　　　　D. 股份支付

8. 下列属于职工薪酬中所说的职工有（　　）。

　　A. 全职、兼职职工　　　　　B. 董事会成员

　　C. 内部审计委员会成员　　　D. 劳务用工合同人员

9. 如果债券发行费用大于发行期间冻结资金所产生的利息收入，按其差额应该计入的科目有（　　）。

　　A. 财务费用　　　　　　　　B. 在建工程

　　C. 管理费用　　　　　　　　D. 长期待摊费用

10. 企业发行公司债券的方式有（　　）。

　　A. 折价发行　　　　　　　　B. 溢价发行

　　C. 面值发行　　　　　　　　D. 在我国不能折价发行

11. 企业发行的应付债券产生的利息调整，每期摊销时可能计入的账户有（　　）。

　　A. 在建工程　　　　　　　　B. 长期待摊费用

　　C. 财务费用　　　　　　　　D. 待摊费用

　　E. 应收利息

12. 下列属于长期应付款核算内容的有（　　）。

　　A. 以分期付款方式购入固定资产、无形资产等发生的应付款项

　　B. 应付融资租赁款

C. 矿产资源补偿费

D. 职工未按期领取的工资

E. 采用补偿贸易方式引进国外设备发生的应付款项

13. 在核算应付利息时，涉及的科目有（　　　）。

A. 在建工程　　　　　　　　B. 制造费用

C. 管理费用　　　　　　　　D. 财务费用

14. 下列表述中正确的有（　　　）。

A. 与企业订立劳动合同的全职、兼职和临时职工都属于企业职工范畴

B. 企业职工范畴不包括未与企业订立劳动合同的兼职职工

C. 企业职工范畴不包括未与企业订立劳动合同的人员

D. 未与企业订立劳动合同但由企业正式任命的人员属于企业职工范畴

15. 以下项目应在"应付职工薪酬"核算的有（　　　）。

A. 企业为职工支付的养老、医疗等社会保障费

B. 企业以商业保险形式提供给职工的各种保险待遇

C. 因解除与职工的劳动关系给予的补偿

D. 非货币性福利

16. 下列有关职工薪酬表述正确的有（　　　）。

A. 职工薪酬是指为获得职工提供的服务而给予的各种形式的报酬或补偿

B. 职工薪酬是指为获得职工提供的服务而给予的工资福利

C. 为获得职工提供当前服务而在其离职后给予的报酬不属于职工薪酬

D. 因解除与职工的劳动关系给予的补偿属于职工薪酬

17. 以下与职工薪酬有关的信息需要披露的有（　　　）。

A. 应当支付给职工的工资、奖金等以及期末应付未付金额

B. 应当为职工缴纳的医疗、养老保险费以及期末应付未付金额

C. 为职工提供的非货币性福利以及计算依据

D. 应当支付的因解除劳动关系给予的补偿以及期末应付未付金额

18. 下列在会计处理时形成一项流动负债的事项有（　　　）。

A. 股东会决议分派的现金股利

B. 股东会决议分派的股票股利

C. 计提到期一次还本付息的应付债券利息

D. 计提应计入本期损益的短期借款利息

三、判断题（判断每题的陈述正确与否：如果正确，在题目的括号中划"√"；如果错误，在题目的括号中划"×"）

1. 企业向银行等金融机构借入的各种款项所发生的利息支出均应当计入财务费用。

（　　　）

2. 企业采用预收货款方式销售商品，应在预先收到货款时确认为一项负债。 （ ）

3. 企业的应付账款确实无法支付，经确认后应转作营业外收入。 （ ）

4. 企业收取包装物押金及其他各种暂收款项时应通过"其他应付款"科目核算。

（ ）

5. 对于因解除与职工的劳动关系给予的补偿，由于辞退职工不能再给企业带来任何经济利益，应当将辞退福利计入当期管理费用，并确认因辞退福利产生的应付职工薪酬。

（ ）

6. "长期借款"账户既反映企业借入的长期借款的本金，也反映其利息。 （ ）

7. 企业发行债券可以有不同的发行价格，但作为负债入账的金额只能是债券的面值。

（ ）

8. 短期借款利息在预提和实际支付时不通过"短期借款"科目。 （ ）

9. 与企业订立劳动合同的全职、兼职和临时职工都属于企业职工范畴。 （ ）

10. 企业职工范畴不包括未与企业订立劳动合同的兼职职工。 （ ）

11. 企业职工范畴不包括未与企业订立劳动合同的人员。 （ ）

12. 未与企业订立劳动合同但由企业正式任命的人员属于企业职工范畴。 （ ）

13. 因解除与职工的劳动关系给予的补偿不应在"应付职工薪酬"核算。 （ ）

14. 职工薪酬是指为获得职工提供的服务而给予的各种形式的报酬以及其他相关支出。

（ ）

15. 职工薪酬是指为获得职工提供的服务而给予的工资福利。 （ ）

16. 为获得职工提供当前服务而在其离职后给予的报酬不属于职工薪酬。 （ ）

17. 因解除与职工的劳动关系给予的补偿属于职工薪酬。 （ ）

18. 将应付债券在其存续期间的未来现金流量折现为该债券当前账面价值所使用的利率为实际利率。 （ ）

19. "应付债券——利息调整"科目反映的是债券折价与债券面值的差额。 （ ）

20. "应付债券——利息调整"科目反映的是实际收到的款项与面值的差额。 （ ）

21. 应付债券每期票面利息和实际利息的差就是当期摊销的"利息调整"数。 （ ）

22. 根据现行制度规定，企业职工和离退休人员的医药费，均应从应付职工薪酬中开支。 （ ）

23. 企业长期借款所发生的利息支出，应在实际支付时计入在建工程成本或计入当期损益。 （ ）

24. 企业采用实际利率法对应付债券溢折价进行摊销时，应付债券账面价值逐期减少或增加，应负担的利息费用也随之逐期减少或增加。 （ ）

25. 企业发行的一般公司债券，应区别是面值发行，还是溢价或折价发行，分别记入"应付债券———一般公司债券（面值）、（溢价）或（折价）"科目。 （ ）

四、简答题

1. 何谓负债？负债包括哪些内容？

2. 简述流动负债的分类。

3. 简述应付账款和应付票据的主要区别。

4. 简述应付职工薪酬的会计处理方法。

5. 简述预收账款账户结构。

6. 何谓长期负债？长期负债如何分类？长期负债与流动负债有什么区别？

7. 何谓应付债券？应付债券包括哪些基本要素？

8. 简述如何确定债券的发行价格。

9. 何谓债券的溢价和折价？溢价和折价的摊销方法？

10. 何谓应付引进设备款？应付引进设备款如何核算？

五、综合题

练习一

一、目的：掌握短期借款的核算。

二、资料：宜佳公司 20×2 年 1 月 1 日借入短期借款 100 000 元，年利率 6%，借款期 6 个月，利息按季度支付，付息日为每季度的第 1 天。

三、要求：根据上述经济业务，编制借款、计息、付息和到期还本的相关会计分录。

练习二

一、目的：掌握短期借款的会计处理。

二、资料：宜佳公司 20×3 年 1 月 1 日向银行借入 120 000 元，期限 9 个月，年利率 8%。该借款到期后按期如数归还，利息分月预提，按季支付。

三、要求：编制借入款项、按月预提利息、按季支付利息和到期时归还本金的会计分录。

练习三

一、目的：掌握流动负债的会计处理。

二、资料：宜佳公司本月发生如下经济业务：

1. 从银行借款 100 000 元，借款 3 个月。

2. 从甲企业购买材料一批，价款为 50 000 元，增值税税率为 16%，未付款，材料验收入库。

3. 从乙企业购买材料一批，价款为 100 000 元，增值税税率为 16%，开出商业承兑汇票一张，利率为 3%。

4. 结转当月工资费用，其中生产工人工资 200 000 元，车间管理人员工资 150 000 元。

5. 公司为 20 名高级管理人员发放奖励，每人奖励公司自己生产的笔记本电脑一台，价值 12 000 元，成本为 10 000 元，企业适用的增值税税率为 16%。

三、要求：根据上述经济业务，编制相关的会计分录。

练习四

一、目的：掌握应付职工薪酬的会计处理。

二、资料：宜佳公司外购了每件不含税价格为 1 000 元的家具作为福利发放给公司每名职工。公司购买的家具已开具了增值税专用发票，增值税税率为 16%。企业员工构成为：车间生产工人 400 人，车间管理人员 40 人，企业管理人员 60 人。

三、要求：编制宜佳公司上述与职工薪酬有关的会计分录。

练习五

一、目的：掌握应付职工薪酬的会计处理。

二、资料：宜佳公司为一家彩电生产企业，共有职工 200 名。20×1 年 2 月，公司以其生产的成本为 10 000 元的彩电作为福利发放给公司每名职工。该彩电的售价为每台 14 000 元，宜佳公司适用 16% 的增值税税率。假定 200 名职工中 170 名为直接参加生产的职工，30 名为总部管理人员。

三、要求：编制宜佳公司上述与职工薪酬有关的会计分录。

练习六

一、目的：掌握应付职工薪酬的会计处理。

二、资料：宜佳公司为总部部门经理级别以上职工每人提供一辆桑塔纳汽车免费使用，该公司总部共有部门经理以上职工 20 名，假定每辆汽车每月计提折旧 2 000 元；该公司还为其 5 名副总裁以上高级管理人员每人租赁一套公寓免费使用，月租金为每套 8 000 元（假定上述人员发生的费用无法认定受益对象）。

三、要求：编制宜佳公司上述与职工薪酬业务有关的会计分录。

练习七

一、目的：掌握辞退福利的会计处理。

二、资料：宜佳公司由于销售状况不佳，制订了一份辞退计划，拟从 20×7 年 1 月 1 日起，企业将以职工自愿方式选择是否接受裁减。辞退计划的详细内容均已与职工沟通，并达成一致意见，所有辞退人员预计的补偿金额为 600 万元。辞退计划已于 20×6 年 12 月 10 日经董事会正式批准，并将于 20×7 年度内实施完毕。

三、要求：根据上述经济业务编制相关的会计分录。

练习八

一、目的：掌握长期借款的核算。

二、资料：宜佳公司向银行借入为期 3 年的长期借款 20 000 000 元，年利息率 8%，每年计息一次，到期本息一次归还。该项借款用于购建公司一大型设备，该设备于第二年年末建成投产。

三、要求：根据上述经济业务，编制相关的会计分录。

练习九

一、目的：掌握公司债券平价发行的处理。

二、资料：宜佳公司于 2012 年 1 月 1 日发行 3 年期债券用于扩建工程，面值 1 000 万元，票面利率 8%，发行该债券时市场利率 8%，每半年付息一次，付息日为每年的 7 月 1 日和 12 月 31 日。从年金现值表和现值系数表查得利率 4%，期数为 6 的年金现值系数是 5.2421，现值系数是 0.7903。

三、要求：

1. 计算该债券发行时的价格。

2. 编制债券发行时的会计分录。

3. 计算每期应计利息并编制会计分录。

4. 编制支付利息的会计分录。

5. 编制到期还本的会计分录。

练习十

一、目的：掌握溢价发行公司债券的核算。

二、资料：宜佳公司于 2012 年 1 月 1 日发行 3 年期债券，面值 100 万元，票面利率 10%，发行该债券时市场利率 8%，每年 12 月 31 日为付息日。从年金现值表和现值系数表查得利率 8%，期数为 3 的年金现值系数是 2.5771，现值系数是 0.7938。

三、要求：

1. 计算该债券发行时的价格。

2. 编制债券发行时的会计分录。

3. 编制溢价额摊销表（采用实际利率法），并作会计分录。

4. 编制支付利息的会计分录。

5. 编制到期还本的会计分录。

企业债券溢价摊销表（实际利率法）

期　数	应付利息	按实际利率计算的利息费用	溢价摊销	未摊债券溢价	债券账面价值
1					
2					
3					

练习十一

一、目的：掌握折价发行公司债券的核算。

二、资料：宜佳公司于 2012 年 1 月 1 日发行 3 年期债券用于扩大生产经营，面值 200 万元，票面利率 10%，发行该债券时市场利率 12%，每半年付息一次，付息日为每年的 7

月1日和12月31日。从年金现值表和现值系数表查得利率6%，期数为6的年金现值系数是4.9173，现值系数是0.7050。

三、要求：

1. 计算该债券发行时的价格。

2. 编制债券发行时的会计分录。

3. 编制折价额摊销表（实际利率法），并编制会计分录。

4. 编制支付利息的会计分录。

5. 编制到期还本的会计分录。

企业债券折价摊销表（实际利率法）

期　数	按实际利率计算的利息	实际应付利息	折价摊销	未摊债券折价	债券账面价值
1					
2					
3					
4					
5					
6					

练习十二

一、目的：掌握发行公司债券的核算。

二、资料：宜佳公司经批准于2012年1月1日起发行两年期面值为100元的债券20万张，债券年利率为3%，每年7月1日和12月31日付息两次，到期时归还本金和最后一次利息。该债券发行价款为1 961.92万元，债券实际利率为年利率4%。该债券所筹资金全部用于新生产线的建设，该生产线于2012年6月底完工交付使用。债券溢折价采用实际利率法摊销，每年6月30日和12月31日计提利息。

三、要求：编制该企业2012年的会计分录。

练习十三

一、目的：掌握流动负债的核算。

二、资料：宜佳公司适用增值税税率16%，材料采用实际成本法进行日常核算。公司20×7年8月31日"应交税费——应交增值税"科目借方余额为50 000元，该借方余额均可从下月的销项税额中抵扣。9月发生如下经济业务：

1. 购买原材料一批，增值税专用发票上注明价款为800 000元，增值税额为136 000元，公司已开出承兑的商业汇票，该原材料已验收入库。

2. 用原材料对外投资，双方协议按原材料含税公允价值作价。该批原材料的成本为

500 000 元，计税价格为 700 000 元，应缴纳的增值税额为 119 000 元。

3. 销售产品一批，销售价格为 468 000 元（含增值税），实际成本为 360 000 元，提货单和增值税专用发票已交购货方，货款尚未收到。该销售符合收入确认条件。

4. 在建工程领用原材料一批，该批原材料实际成本为 500 000 元，应由该批原材料负担的增值税额为 85 000 元。

5. 月末盘亏原材料一批，该批原材料的实际成本为 100 000 元，增值税额为 17 000 元。

6. 用银行存款缴纳本月增值税 80 000 元。

三、要求：编制上述业务的会计分录。

练习十四

一、目的：掌握资产、负债的核算。

二、资料：宜佳股份有限公司为一般纳税企业，该企业发行债券及购建设备的有关资料如下：

1. 20×7 年 1 月 1 日，经批准发行 3 年期面值为 5 000 000 元的公司债券。该债券每年年末计提利息后予以支付、到期一次还本，票面年利率为 3%，发行价格为 4 861 265 万元，发行债券筹集的资金已收到。利息调整采用实际利率法摊销，经计算的实际利率为 4%。假定该债券于每年年末计提利息。

2. 20×7 年 1 月 10 日，利用发行上述公司债券筹集的资金购置一台需要安装的设备，增值税专用发票上注明的设备价款为 3 500 000 元，增值税额为 595 000 元，价款及增值税已由银行存款支付，购买该设备支付的运杂费为 105 000 元。

3. 该设备安装期间领用生产用材料一批，成本为 300 000 元，该原材料的增值税额为 51 000 元；应付安装人员工资 150 000 元；用银行存款支付的其他直接费用 195 000 元。2007 年 6 月 30 日，该设备安装完成并交付使用。该设备预计使用年限为 5 年，预计净残值为 50 000 元，采用双倍余额递减法计提折旧。

4. 20×9 年 4 月 30 日，因调整经营方向，将该设备出售，收到价款 2 200 000 元，并存入银行。另外，用银行存款支付清理费 40 000 元，假定不考虑与该设备出售有关的税费。

5. 假定设备安装完成并交付使用前的债券利息符合资本化条件全额资本化且不考虑发行债券筹集资金存入银行产生的利息收入。

三、要求：

（1）编制发行债券时的会计分录。

（2）编制 2007 年 12 月 31 日、2008 年 12 月 31 日有关应付债券的会计分录。

（3）编制该固定资产安装以及交付使用的有关会计分录。

（4）计算固定资产计提折旧的总额。

（5）编制处置该固定资产的有关分录。

（6）编制债券到期的有关会计分录。

参考答案

一、单项选择题

1. C   2. B   3. C   4. C   5. B   6. B   7. A   8. B
9. B   10. D   11. B   12. B   13. C   14. B   15. C   16. D
17. A   18. C   19. A   20. B   21. C

二、多项选择题

1. ABDE   2. ACE   3. ABC   4. AB   5. BCE   6. AB   7. ABC
8. ABCD   9. ABC   10. ABC   11. AC   12. ABE   13. ABD   14. AD
15. ABCD 16. AD   17. ABCD 18. AD

三、判断题

1. ×   2. √   3. √   4. √   5. √   6. ×   7. ×   8. √·   9. √
10. ×   11. ×   12. √   13. ×   14. √   15. ×   16. ×   17. √   18. √
19. ×   20. √   21. √   22. ×   23. ×   24. ×   25. ×

四、简答题（略）

五、综合题

练习一

1. 2012 年 1 月 1 日取得借款：

借：银行存款	100 000
贷：短期借款	100 000

2. 2012 年 1 月 31 日、2 月 28 日、3 月 31 日，计提当月利息费用：

各月应计提的短期借款利息 = 100 000 × 6% ÷ 12 = 500（元）

借：财务费用	500
贷：应付利息	500

3. 2012 年 4 月 1 日，支付第一季度利息：

借：应付利息	1 500
贷：银行存款	1 500

4. 2012 年 4 月 30 日、5 月 31 日、6 月 30 日，计提当月利息费用：

借：财务费用	500
贷：应付利息	500

5. 2012 年 7 月 1 日，归还借款本金并支付第二季度利息：

借：短期借款	100 000
应付利息	1 500

　　　　　　贷：银行存款　　　　　　　　　　　　　　　　　　　101 500

练习二

1.

　借：银行存款　　　　　　　　　　　　　　　　　　　　120 000
　　　贷：短期借款　　　　　　　　　　　　　　　　　　　120 000

2.

　借：财务费用　　　　　　　　　　　　　　　　　　　　　　800
　　　贷：应付利息　　　　　　　　　　　　　　　　　　　　　800

3.

　借：应付利息　　　　　　　　　　　　　　　　　　　　　2 400
　　　贷：银行存款　　　　　　　　　　　　　　　　　　　　2 400

4.

　借：短期借款　　　　　　　　　　　　　　　　　　　　120 000
　　　贷：银行存款　　　　　　　　　　　　　　　　　　　120 000

练习三

1. 借：银行存款　　　　　　　　　　　　　　　　　　　100 000
　　　贷：短期借款　　　　　　　　　　　　　　　　　　100 000

2. 借：原材料　　　　　　　　　　　　　　　　　　　　50 000
　　　应交税费——应交增值税（进项税额）　　　　　　　8 000
　　　贷：应付账款　　　　　　　　　　　　　　　　　　58 000

3. 借：原材料　　　　　　　　　　　　　　　　　　　100 000
　　　应交税费——应交增值税（进项税额）　　　　　　16 000
　　　贷：应付票据　　　　　　　　　　　　　　　　　116 000

4. 借：生产成本　　　　　　　　　　　　　　　　　　200 000
　　　制造费用　　　　　　　　　　　　　　　　　　　150 000
　　　贷：应付职工薪酬　　　　　　　　　　　　　　　350 000

5.

（1）发放福利时，记：

借：应付职工薪酬——非货币性福利　　　　　　　　　278 400
　　贷：主营业务收入　　　　　　　　　　　　　　　　240 000
　　　　应交税费——应交增值税（销项税额）　　　　　38 400

同时结转成本：

借：主营业务成本　　　　　　　　　　　　　　　　　200 000
　　贷：库存商品　　　　　　　　　　　　　　　　　　200 000

（2）月末计入成本或费用，记：

借：管理费用　　　　　　　　　　　　　　　280 800
　　贷：应付职工薪酬——非货币性福利　　　　　　　　280 800

练习四

1.

借：生产成本　　　　　　　　　　　　　　　464 000
　　制造费用　　　　　　　　　　　　　　　46 400
　　管理费用　　　　　　　　　　　　　　　69 600
　　贷：应付职工薪酬　　　　　　　　　　　　　　580 000

2.

借：应付职工薪酬　　　　　　　　　　　　　580 000
　　贷：库存商品　　　　　　　　　　　　　　　　500 000
　　　　应交税费——应交增值税（进项税额转出）　　80 000

练习五

1.

借：生产成本　　　　　　　　　　　　　　2 760 800
　　管理费用　　　　　　　　　　　　　　　487 200
　　贷：应付职工薪酬　　　　　　　　　　　　　3 248 000

2.

借：应付职工薪酬　　　　　　　　　　　　3 248 000
　　贷：主营业务收入　　　　　　　　　　　　　2 800 000
　　　　应交税费——应交增值税（销项税额）　　　448 000

3.

借：主营业务成本　　　　　　　　　　　　2 000 000
　　贷：库存商品　　　　　　　　　　　　　　　2 000 000

练习六

1.

借：管理费用　　　　　　　　　　　　　　　80 000
　　贷：应付职工薪酬　　　　　　　　　　　　　　80 000

2.

借：应付职工薪酬　　　　　　　　　　　　　80 000
　　贷：累计折旧　　　　　　　　　　　　　　　　40 000
　　　　其他应付款（或银行存款）　　　　　　　　40 000

练习七

借：管理费用   6 000 000

  贷：应付职工薪酬——解除职工劳动关系补偿   6 000 000

练习八

（1）借入款项：

借：银行存款   2 000 000

  贷：长期借款——本金   2 000 000

（2）第一年年末，计提利息：

应计利息 = 2 000 000 × 8% = 160 000（元），应计入工程成本。

借：在建工程——固定资产购建工程   160 000

  贷：长期借款——应计利息   160 000

（3）第二年年末，计提利息：

借：在建工程——固定资产购建工程   160 000

  贷：长期借款——应计利息   160 000

（4）第三年年末，计提利息：

借：财务费用   160 000

  贷：长期借款——应计利息   160 000

（5）归还借款本息：

借：长期借款——本金   2 000 000

     ——应计利息   480 000

  贷：银行存款   2 480 000

练习九

1. 债券的发行价格是：

10 000 000 × 8%/2 × 5.2421 + 10 000 000 × 0.7903 ≈ 10 000 000（元）

2. 若债券发行时市场利率为 8%，与债券票面利率相等，按平价发行债券：

借：银行存款   10 000 000

  贷：应付债券——面值   10 000 000

3. 2012 年 6 月 30 日计算利息费用：

借：财务费用   400 000

  贷：应付利息   400 000

4. 2012 年 7 月 1 日支付第一期利息费用：

借：应付利息   400 000

  贷：银行存款   400 000

5. 到期还本的会计分录：

借：应付债券——面值 10 000 000

    贷：银行存款 10 000 000

练习十

1. 债券的发行价格是：

$1\ 000\ 000 \times 10\% \times 2.5771 + 1\ 000\ 000 \times 0.7938 = 1\ 051\ 510$（元）

2. 债券发行时的会计分录：

借：银行存款 1 051 510

    贷：应付债券——利息调整 51 510

             ——面值 1 000 000

3.   **企业债券溢价摊销表（实际利率法）**   金额单位：元

期 数	应付利息	按实际利率计算的利息费用	溢价摊销	未摊债券溢价	债券账面价值
发行时				51 510	1 051 510
1	100 000	84 120.8	15 879.2	35 630.8	1 035 630.8
2	100 000	82 850.5	17 149.5	18 481.3	1 018 481.3
3	100 000	81 518.7	18 481.3	0	1 000 000

2012 年 12 月 31 日计算利息费用：

借：财务费用 84 120.8

    应付债券——利息调整 15 879.2

    贷：应付利息 100 000

4. 2012 年 12 月 31 日支付第一期利息费用：

借：应付利息 100 000

    贷：银行存款 100 000

2013 年、2014 年确认利息费用、支付利息费用的会计处理同上。

5. 到期还本的会计分录：

借：应付债券——面值 1 000 000

    贷：银行存款 1 000 000

练习十一

1. 债券的发行价格是：

$2\ 000\ 000 \times 10\% / 2 \times 4.9173 + 2\ 000\ 000 \times 0.7050 = 1\ 901\ 730$（元）

2. 债券发行时的会计分录：

借：银行存款 1 901 730

    应付债券——利息调整 98 270

　　　　贷：应付债券——面值　　　　　　　　　　　　　　　　　　　　　　2 000 000

3.
企业债券折价摊销表（实际利率法）

金额单位：元

期　　数	按实际利率计算的利息	实际应付利息	折价摊销	未摊债券折价	债券账面价值
发行时				98 270	1 901 730
1	114 103.8	100 000	14 103.8	84 166.2	1 915 833.8
2	114 950	100 000	14 950	69 216.2	1 930 783.8
3	115 847	100 000	15 847	53 369.2	1 946 630.8
4	116 797.8	100 000	16 797.8	36 571.4	1 963 428.6
5	117 805.7	100 000	17 805.7	18 765.7	1 981 234.3
6	118 765.7	100 000	18 765.7	0	2 000 000

4.

（1）2012 年 6 月 30 日计算利息费用：

借：财务费用　　　　　　　　　　　　　　　　　　　　　　　　　　　114 103.8

　　贷：应付利息　　　　　　　　　　　　　　　　　　　　　　　　　100 000

　　　　应付债券——利息调整　　　　　　　　　　　　　　　　　　　14 103.8

（2）2012 年 7 月 1 日支付第一期利息费用：

借：应付利息　　　　　　　　　　　　　　　　　　　　　　　　　　　100 000

　　贷：银行存款　　　　　　　　　　　　　　　　　　　　　　　　　100 000

（3）2012 年 12 月 31 日计算利息费用：

借：财务费用　　　　　　　　　　　　　　　　　　　　　　　　　　　114 950

　　贷：应付利息　　　　　　　　　　　　　　　　　　　　　　　　　100 000

　　　　应付债券——利息调整　　　　　　　　　　　　　　　　　　　14 950

（4）2012 年 12 月 31 日支付第二期利息费用：

借：应付利息　　　　　　　　　　　　　　　　　　　　　　　　　　　25 000

　　贷：银行存款　　　　　　　　　　　　　　　　　　　　　　　　　25 000

2013 年、2014 年确认利息费用、支付利息费用的会计处理同上。

5. 到期还本的会计分录：

借：应付债券——面值　　　　　　　　　　　　　　　　　　　　　　　2 000 000

　　贷：银行存款　　　　　　　　　　　　　　　　　　　　　　　　　2 000 000

练习十二

1.

借：银行存款　　　　　　　　　　　　　　　　　　　　　　　　　　19 619 200

　　应付债券——利息调整　　　　　　　　　　　　　　　　　　　　　380 800

贷：应付债券——面值		20 000 000

2.

借：在建工程　　　　　　　　　　　　　　　　392 384

　　贷：应付利息　　　　　　　　　　　　　　　　　　300 000

　　　　应付债券——利息调整　　　　　　　　　　　　92 384

3.

借：应付利息　　　　　　　　　　　　　　　　300 000

　　贷：银行存款　　　　　　　　　　　　　　　　　　300 000

4.

借：财务费用　　　　　　　　　　　　　　　394 231.68

　　贷：应付利息　　　　　　　　　　　　　　　　　　300 000

　　　　应付债券——利息调整　　　　　　　　　　94 231.68

练习十三

1.

借：原材料　　　　　　　　　　　　　　　　800 000

　　应交税费——应交增值税（进项税额）　　128 000

　　贷：应付票据　　　　　　　　　　　　　　　　　　928 000

2.

借：长期股权投资　　　　　　　　　　　　　812 000

　　贷：其他业务收入　　　　　　　　　　　　　　　700 000

　　　　应交税费——应交增值税（销项税额）　　　112 000

借：其他业务成本　　　　　　　　　　　　　500 000

　　贷：原材料　　　　　　　　　　　　　　　　　　500 000

3.

借：应收账款　　　　　　　　　　　　　　　464 000

　　贷：主营业务收入　　　　　　　　　　　　　　　400 000

　　　　应交税费——应交增值税（销项税额）　　　　64 000

借：主营业务成本　　　　　　　　　　　　　360 000

　　贷：库存商品　　　　　　　　　　　　　　　　　　360 000

4.

借：在建工程　　　　　　　　　　　　　　　580 000

　　贷：原材料　　　　　　　　　　　　　　　　　　500 000

　　　　应交税费——应交增值税（进项税额转出）　　80 000

5.

借：待处理财产损溢 116 000
 贷：原材料 100 000
  应交税费——应交增值税（进项税额转出） 16 000

6.

借：应交税费——应交增值税（已交税金） 80 000
 贷：银行存款 80 000

练习十四

（1）借：银行存款 4 861 265
  应付债券——利息调整 138 735
  贷：应付债券——面值 5 000 000

（2）2007 年年末：

借：在建工程 97 225.3（全年利息费用的一半）
 财务费用 97 225.3（全年利息费用的一半）
 贷：应付利息 150 000
  应付债券——利息调整 44 450.6

借：应付利息 150 000
 贷：银行存款 150 000

2008 年年末：

借：财务费用 196 228.62
 贷：应付利息 150 000
  应付债券——利息调整 46 228.62

借：应付利息 150 000
 贷：银行存款 150 000

（3）

借：在建工程 3 605 000
 应交税费——应交增值税（进项税额） 595 000
 贷：银行存款 4 200 000（3 500 000 + 595 000 + 105 000）

借：在建工程 300 000
 贷：原材料 300 000

借：在建工程 345 000
 贷：应付职工薪酬 150 000
  银行存款 195 000

借：固定资产 4 250 000

贷：在建工程 4 250 000

（4）第一个折旧年度（2007年7月至2008年6月）应该计提的折旧 = 4 250 000 × 40% = 1 700 000（元）。

第二个折旧年度（2008年7月至2009年6月）应该计提的折旧 =（4 250 000 − 1 700 000）× 40% = 1 020 000（元）。

但是该资产在2009年4月30日处置了，所以2009年应该计提的是4个月，即第二个折旧年度应该计提的折旧为10个月，金额为1 020 000 × 10/12 = 850 000（元）。

所以该资产总共计提的折旧为1 700 000 + 850 000 = 2 550 000（元）。

（5）

借：固定资产清理 1 700 000
　　累计折旧 2 550 000
　　贷：固定资产 4 250 000
借：银行存款 2 200 000
　　贷：固定资产清理 2 200 000
借：固定资产清理 40 000
　　贷：银行存款 40 000
借：固定资产清理 460 000
　　贷：营业外收入 460 000

（6）2009年12月31日

借：财务费用 198 055.78
　　贷：应付利息 150 000
　　　　应付债券——利息调整 48 055.78
借：应付利息 150 000
　　贷：银行存款 150 000
借：应付债券——面值 5 000 000
　　贷：银行存款 5 000 000

第八章

所有者权益

一、单项选择题（每题只有一个答案是正确的；将正确答案对应的字母填入括号）

1. 甲公司以现金 1 500 万元向乙企业投资，投资后占乙企业注册资本的 15%，乙企业经甲公司出资后的注册资本总额为 9 000 万元，则对于该项投资，乙公司实收资本应登记的金额为（　　）万元。

    A. 1 500　　　　　　　　　　　B. 1 350

    C. 1 010　　　　　　　　　　　D. 810

2. A 公司发行普通股 1 000 万股，每股面值 1 元，每股发行价格为 5 元，为发行股票支付佣金、手续费 30 万元。假定不考虑其他因素，股票发行成功后，A 公司记入"资本公积"科目的金额应为（　　）万元。

    A. 30　　　　B. 1 000　　　　C. 4 000　　　　D. 3 970

3. 以下事项中，会导致所有者权益减少的是（　　）。

    A. 盈余公积转增资本

    B. 股份有限公司发放股票股利

    C. 股份有限公司股东大会宣告发放现金股利

    D. 债务重组中，债务人将重组债务转为资本

4. 甲、乙、丙各出资 80 万元设立 A 有限责任公司，设立时的注册资本为 240 万元。两年后，为扩大经营规模，吸收丁投资者加入，丁投资者以现金 100 万元出资，投资后占 A 公司注册资本的 25%，同时公司的注册资本增资为 320 万元。则 A 公司在收到丁投资者出资时应确认的资本公积为（　　）万元。

    A. 0　　　　B. 80　　　　C. 20　　　　D. 100

5. 下列各项中，属于企业留存收益的是（　　）。

    A. 投资收益　　　　　　　　　B. 公允价值变动损益

    C. 营业收入　　　　　　　　　D. 盈余公积

二、多项选择题（每题至少有两个答案是正确的；将正确答案对应的字母填入括号）

1. 以下有关股份有限公司各种方式增资的核算中，可能涉及"资本公积——股本溢价"科目的有（　　）。

    A. 盈余公积转增资本　　　　　B. 发放股票股利

　　C. 可转换公司债券转为股本　　　　D. 重组债务转为资本

　　E. 以权益结算的股份支付行权日的处理

2. 资本公积的主要用途不包括（　　　　）。

　　A. 弥补亏损　　　　　　　　　　　B. 转增资本

　　C. 分配利润或股利　　　　　　　　D. 扩大企业生产经营

　　E. 反映企业所有者权益变动情况

3. 下列有关资本公积的账务处理，正确的有（　　　　）。

　　A. 长期股权投资采用权益法核算的情况下，企业对于被投资单位实现的净利润，按
　　　　照持股比例调整长期股权投资的账面价值，同时增加或减少资本公积

　　B. 企业以权益结算的股份支付，应在等待期内按照每个资产负债表日的公允价值，
　　　　借记"管理费用"等相关成本费用科目，贷记"资本公积——其他资本公积"科
　　　　目

　　C. 自用房地产转换为公允价值模式计量的投资性房地产，转换日公允价值小于账面
　　　　价值的差额记入"资本公积——其他资本公积"科目

　　D. 可供出售金融资产除减值损失和外币货币性金融资产形成的汇兑差额外，因公允
　　　　价值变动形成的利得应计入资本公积

　　E. 资产负债表日，满足运用套期会计方法条件的现金流量套期和境外经营净投资套
　　　　期产生的利得或损失，属于有效套期的，借记或贷记有关科目，贷记或借记"资
　　　　本公积——其他资本公积"科目

4. 企业所有者权益中，来源于资本增值的有（　　　　）。

　　A. 实收资本　　　　　　　　　　　B. 资本公积

　　C. 库存股　　　　　　　　　　　　D. 盈余公积

　　E. 未分配利润

5. 以下关于盈余公积核算的说法中，不正确的有（　　　　）。

　　A. A公司注册资本为1 000万元，计提的盈余公积累计额为300万元，可以不再提
　　　　取

　　B. 公司的法定公积金不足以弥补以前年度亏损的，在提取法定公积金之前，应当先
　　　　用当年利润弥补亏损

　　C. 我国外商投资企业的盈余公积包括法定盈余公积、储备基金、企业发展基金

　　D. 企业发生的经营亏损可在以后年度（5年内）用税前利润弥补

　　E. 盈余公积和资本公积都可用于转增资本，转增资本后留存的盈余公积不得少于转
　　　　增前公司注册资本的50%

6. 关于盈余公积的账务处理，下列说法中正确的有（　　　　）。

　　A. 为了总括反映企业各项盈余公积的提取和使用情况，企业应设置"盈余公积"总

账科目

    B. "盈余公积"科目借方反映盈余公积的提取，贷方余额反映盈余公积的使用

    C. 一般企业和股份有限公司以及外商投资企业应设置"法定盈余公积"和"任意盈余公积"两个明细科目

    D. 企业经股东大会或类似机构决议，用盈余公积弥补亏损，应借记"盈余公积"科目，贷记"利润分配——盈余公积补亏"科目

    E. 企业经股东大会决议，可用盈余公积派送新股，按派送新股计算的金额，借记"盈余公积"科目，贷记"股本"科目，按其差额贷记"资本公积——股本溢价"科目

7. 下列交易或事项中，会减少企业盈余公积的有（　　　）。

    A. 企业按规定提取盈余公积　　　　B. 企业用盈余公积转增资本

    C. 企业用盈余公积弥补亏损　　　　D. 企业用盈余公积发放现金股利

    E. 企业用盈余公积派送新股

三、判断题（判断每题的陈述正确与否：如果正确，在题目的括号中划"√"；如果错误，在题目的括号中划"×"）

1. 所有者权益来源于所有者投入的资本、直接计入所有者的利得和损失、留存收益等。

    （　　　）

2. 所有者凭借所有者权益能够参与投资分配。　　　　　　　　　　　　（　　　）

3. 企业接受投资者作价投入的原材料等非货币资产，按照历史成本作为非货币资产的入账价值。　　　　　　　　　　　　　　　　　　　　　　　　　　　（　　　）

4. 资本公积是企业收到投资者的超出其在企业注册资本（或股本）中所占份额的投资，以及直接计入所有者权益的利得和损失等。　　　　　　　　　　　　　　（　　　）

5. 盈余公积是指企业按规定从利润中提取的企业积累资金。　　　　　　（　　　）

四、计算题

2014 年 1 月 1 日，A、B、C 三位股东分别出资 600 万元、1 000 万元、400 万元设立甲有限责任公司（以下简称甲公司）。根据出资协议规定，甲公司注册资本为 2 000 万元，A、B、C 三位股东的出资比例分别为 30%、50%、20%。假定甲公司为增值税一般纳税人，适用的增值税税率为 17%。

（1）2014 年甲公司实现净利润 1 000 万元，按净利润的 10% 提取法定盈余公积。

（2）2014 年甲公司股东大会决定分配现金股利 300 万元，计划于 2015 年 3 月 1 日支付。

（3）2015 年 8 月 31 日，为扩大经营规模，吸收 D 股东加入公司。D 股东以银行存款 350 万元、价值为 117 万元（含增值税）的原材料出资。甲公司收到的银行存款为 350 万元，投资协议规定的原材料价值为 100 万元（不含增值税）。投资后甲公司的注册资本增加

为 3 000 万元，D 股东占注册资本的 15%；其余的资本由 A、B、C 按照原持股比例以银行存款出资。

（4）2015 年 8 月 31 日，四位股东出资全部到位，D 股东已开具增值税专用发票，相关法律手续已经办理完毕。

要求：根据上述资料，不考虑其他因素，计算下列问题。

（1）计算 2014 年 12 月 31 日，甲公司所有者权益总额。

（2）计算甲公司吸收 D 股东投资产生的资本公积。

（3）计算 2015 年 8 月 31 日，吸收 D 股东投资后，"实收资本——B"的账面余额。

（4）计算增资后，B 股东的持股比例。

五、业务题

1. 甲、乙两个投资者向某有限责任公司投资，甲投资者投入自产产品一批，双方确认价值为 180 万元（假设是公允的），税务部门认定增值税为 30.6 万元，并开具了增值税专用发票。乙投资者投入货币资金 9 万元和一项专利技术，货币资金已经存入开户银行，该专利技术原账面价值为 128 万元，预计使用寿命为 16 年，已摊销 40 万元，计提减值准备 10 万元，双方确认的价值为 80 万元（假设是公允的）。假定甲、乙两位投资者投资时均不产生资本公积。两年后，丙投资者向该公司追加投资，其缴付该公司的出资额为人民币 176 万元，协议约定丙投资者享有的注册资本金额为 130 万元（假设甲、乙两个投资者出资额与其在注册资本中所享有的份额相等，不产生资本公积）。

要求：根据上述资料，分别编制被投资公司接受甲、乙、丙投资的有关会计分录。（分录中的金额单位为万元）

2. 甲股份有限公司 2014 年和 2015 年发生与其股票有关的业务如下：

（1）2014 年 1 月 4 日，经股东大会决议，并报有关部门核准，增发普通股 20 000 万股，每股面值 1 元，每股发行价格 5 元，股款已全部收到并存入银行。假定不考虑相关税费。

（2）2014 年 6 月 20 日，经股东大会决议，并报有关部门核准，以资本公积 2 000 万元转增股本。

（3）2015 年 6 月 20 日，经股东大会决议，并报有关部门核准，以银行存款回购本公司股票 50 万股，每股回购价格为 3 元。

（4）2015 年 6 月 26 日，经股东大会决议，并报有关部门核准，将回购的本公司股票 50 万股注销。

要求：逐笔编制甲股份有限公司上述业务的会计分录。

参考答案

一、单项选择题

1. B　　2. D　　3. C　　4. C　　5. D

二、多项选择题

1. CDE　　2. ACDE　　3. DE　　4. DE　　5. ACE　　6. ADE　　7. BCDE

三、判断题

1. √　　2. ×　　3. ×　　4. √　　5. ×

四、计算题

（1）2012 年 12 月 31 日甲公司所有者权益总额 = 2 000 + 1 000 − 300 = 2 700（万元）

（2）甲公司吸收 D 股东投资产生的资本公积 = 350 + 117 − 3 000 × 15% = 17（万元）

（3）"实收资本——B"的账面余额 = 1 000 + （3 000 − 2 000 − 3 000 × 15%）× 50% = 1 275（万元）

（4）增资后 B 股东的持股比例 = 1 275/3 000 × 100% = 42.5%

五、业务题

1.

（1）被投资公司收到甲投资者的投资时：

借：库存商品　　　　　　　　　　　　　　　　　　　　　180

　　应交税费——应交增值税（进项税额）　　　　　　　　30.6

　　　贷：实收资本——甲　　　　　　　　　　　　　　　　　210.6

（2）被投资公司收到投资者乙的投资时：

借：银行存款　　　　　　　　　　　　　　　　　　　　　　9

　　无形资产　　　　　　　　　　　　　　　　　　　　　　80

　　　贷：实收资本——乙　　　　　　　　　　　　　　　　　　89

（3）被投资公司收到投资者丙的投资时：

借：银行存款　　　　　　　　　　　　　　　　　　　　　176

　　　贷：实收资本——丙　　　　　　　　　　　　　　　　　130

　　　　　资本公积——资本溢价　　　　　　　　　　　　　　46

2.

（1）借：银行存款　　　　　　　　　100 000（20 000 × 5）

　　　　贷：股本　　　　　　　　　　　　　　　　　20 000

　　　　　　资本公积　　　　　　　　　　　　　　　80 000

（2）借：资本公积   2 000

    贷：股本   2 000

（3）借：库存股   150

    贷：银行存款   150

（4）借：股本   50

     资本公积   100

    贷：库存股   150

第九章

收入、费用和利润

一、单项选择题（每题只有一个答案是正确的；将正确答案对应的字母填入括号）

1. 亚太公司为增值税一般纳税人，适用的增值税税率为16%，该公司主要是销售甲产品，每件600元。同时公司规定，若客户购买150件（含150件）以上，每件可获得5%的商业折扣。鹏远公司于20×9年4月10日购买亚太公司产品甲300件，按规定现金折扣条件为2/10，1/20，n/30。该公司于4月15日收到该笔款项，则实际收到的款项为（　　）元。（假定计算现金折扣时不考虑增值税）

    A. 200 070　　　　　B. 3 240　　　　　C. 196 069　　　　　D. 194 940

2. 下列不属于损益类账户的是（　　）。

    A. 投资收益　　　　　　　　　　B. 公允价值变动损益
    C. 资产减值损失　　　　　　　　D. 制造费用

3. 下列事项中，不应确认为营业外支出的是（　　）。

    A. 对外捐赠支出　　　　　　　　B. 债务重组损失
    C. 计提的固定资产减值准备　　　D. 出售无形资产发生的净损失

4. 下列活动取得的收益不作为收入的内容是（　　）。

    A. 企业销售本期产品　　　　　　B. 企业对外提供劳务
    C. 让渡资产使用权　　　　　　　D. 出售本企业拥有的固定资产

5. 下列费用中，不应在发生的当期全部转入损益的是（　　）。

    A. 制造费用　　　　　　　　　　B. 财务费用
    C. 管理费用　　　　　　　　　　D. 销售费用

6. 下列项目中，应该从价格中扣除作为主营业务收入的是（　　）。

    A. 现金折扣　　　　　　　　　　B. 商业折扣
    C. 销售折让　　　　　　　　　　D. 销售退回

7. 下列账户中，不应该在期末结转至"本年利润"的是（　　）。

    A. 主营业务收入　　　　　　　　B. 其他业务收入
    C. 营业外收入　　　　　　　　　D. 未确认融资费用

8. 下列账户中属于损益类账户的是（　　）。

    A. 所得税费用　　　B. 应交所得税　　　C. 制造费用　　　　D. 盈余公积

9. 下列项目中，不构成营业利润的项目有（　　）。

    A. 资产减值损失　　　　　　　B. 主营业务收入

    C. 营业外收入　　　　　　　　D. 投资收益

10. 下列项目中，不构成产品成本的项目是（　　）。

    A. 直接材料　　B. 直接人工　　C. 制造费用　　D. 销售费用

二、多项选择题（每题至少有两个答案是正确的；将正确答案对应的字母填入括号）

1. 计算营业利润应当考虑的项目有（　　）。

    A. 营业外收入　　　　　　　　B. 所得税费用

    C. 投资收益　　　　　　　　　D. 资产减值损失

    E. 其他业务收入

2. 关于收入，下列说法中正确的有（　　）。

    A. 收入是指企业在日常活动中形成的、会导致所有者权益增加的、与所有者投入资本无关的经济利益的总流入

    B. 收入只有在经济利益很可能流入从而导致企业资产增加或者负债减少且经济利益的流入额能够可靠计量时才能予以确认

    C. 符合收入定义和收入确认条件的项目，应当列入利润表

    D. 收入是指企业在日常活动中形成的、会导致所有者权益或负债增加的、与所有者投入资本无关的经济利益的总流入

3. 财务费用是企业筹集资金而发生的费用，包括（　　）。

    A. 利息支出（减利息收入）　　B. 汇兑差额

    C. 筹资人员工资　　　　　　　D. 金融机构手续费

    E. 筹资人员差旅费

4. 生产费用在完工产品和在产品之间的分配，通常适用的方法有（　　）。

    A. 不计算在产品成本　　　　　B. 分批法

    C. 约当产量比例法　　　　　　D. 定额比例法

    E. 分步法

5. 收入可能表现为（　　）。

    A. 企业资产的增加　　　　　　B. 企业负债的减少

    C. 企业资产的减少　　　　　　D. 企业负债的增加

    E. 企业费用的减少

6. 下列项目中，构成企业营业利润的有（　　）。

    A. 主营业务收入　　　　　　　B. 主营业务成本

    C. 公允价值变动损益　　　　　D. 投资收益

    E. 资产减值损失

7. 下列项目中，构成利润总额的项目有（　　　）。

　　A. 主营业务收入　　　　　　　B. 主营业务成本

　　C. 公允价值变动损益　　　　　D. 投资收益

　　E. 资产减值损失

8. 下列项目中，影响净利润的项目有（　　　）。

　　A. 所得税费用　　　　　　　　B. 营业外收入

　　C. 公允价值变动损益　　　　　D. 投资收益

　　E. 资产减值损失

9. 下列项目中，构成产品成本的项目有（　　　）。

　　A. 直接材料　　　　　　　　　B. 直接人工

　　C. 制造费用　　　　　　　　　D. 销售费用

　　E. 财务费用

10. 影响期末在产品成本的因素有（　　　）。

　　A. 期初在产品成本　　　　　　B. 本期生产费用

　　C. 本期完工产品成本　　　　　D. 本期主营业务成本

　　E. 本期管理费用

三、判断题（判断每题的陈述正确与否：如果正确，在题目的括号中划"√"；如果错误，在题目的括号中划"×"）

1. 收入是指企业在日常活动中形成的、会导致所有者权益增加的、与所有者投入资本无关的经济利益的总流入。　　　　　　　　　　　　　　　　　　　　（　　　）

2. 利润是企业在日常活动中取得的经营成果，不应包括企业在偶发事件中产生的利得和损失。　　　　　　　　　　　　　　　　　　　　　　　　　　　　　　（　　　）

3. 费用应当会导致经济利益的流出，从而导致资产的减少或者负债的增加。　（　　　）

4. 所得税费用就是企业应交的所得税。　　　　　　　　　　　　　　　　（　　　）

5. 企业可以按照净利润的一定比例计提盈余公积。　　　　　　　　　　（　　　）

6. 收入就是利得。　　　　　　　　　　　　　　　　　　　　　　　　（　　　）

7. 营业税金及附加是指企业在销售商品和提供劳务等流通环节缴纳的除增值税以外的税金及附加费。包括消费税、城市维护建设税、营业税、教育费附加等。　　（　　　）

8. 管理费用是指企业为组织和管理企业生产经营所发生的各种费用。　　（　　　）

9. 企业为生产一定种类、一定数量产品所支出的各种生产费用的总和，称为产品的生产成本，也称产品成本。　　　　　　　　　　　　　　　　　　　　　　（　　　）

10. 完工百分比法，是指按照提供劳务交易的完工进度确认收入与费用的方法。完工进度可以按照以下方法：已完工作的测量；已经提供的劳务占应提供劳务总量的比例；已经发生的成本占估计总成本的比例。　　　　　　　　　　　　　　　　　　（　　　）

四、简答题

1. 收入确认的条件有哪些?

2. 什么是商业折扣? 怎样核算?

3. 什么是现金折扣? 怎样核算?

4. 商品销售后发生了退货, 怎样核算?

5. 什么是成本? 什么是费用? 两者的联系和区别是什么?

6. 简述成本核算的方法。

7. 简述成本核算的程序。

8. 期间费用包含哪些内容?

9. 简述利润的计算公式。

10. 简述利润的分配顺序及会计核算。

五、综合业务题

练习一

一、目的:掌握发出材料的核算。

二、资料:月末汇总的发出材料汇总表如下:

发出材料汇总表

项 目	甲材料		乙材料		丙材料		合 计	
	数量(千克)	金额(元)	数量(千克)	金额(元)	数量(千克)	金额(元)	数量(千克)	金额(元)
A 产品	1 000	8 000	800	2 400	2 000	20 000		
B 产品	1 000	8 000	600	1 800	1 000	10 000		
小 计								
车间一般领用	500	4 000			100	1 000		
管理部门领用			400	1 200				
合 计								

三、要求:填制发出材料汇总表并编制会计分录。

练习二

一、目的:掌握职工薪酬的核算。

二、资料:月末工资汇总表如下:

工资汇总表

项　目	工　时	工资（元）	合　计
A 产品人员	600		500 000
B 产品人员	400		
车间管理人员		10 000	10 000
厂部管理人员		20 000	20 000
在建工程人员		3 000	3 000
合　计	1 000	33 000	533 000

三、要求：根据上述资料计提工资。

练习三

一、目的：掌握制造费用的分配。

二、资料：月末制造费用明细账资料如下：

制造费用明细账

金额单位：元

日　期	职工薪酬	折旧费	保险费	材料费	办公费	合　计
×月 1 日				2 000		
×月 3 日					800	
×月 15 日				1 000		
×月 30 日	11 400					
×月 30 日						
×月 30 日			600			
×月 30 日		4 000				
合　计	11 400	4 000	600	3 000	800	

　　三、要求：根据上述资料计算本月制造费用；根据练习二的资料将制造费用分配给 A、B 产品，并编制会计分录。

练习四

一、目的：掌握产品成本的计算和核算。

二、资料：月末生产成本明细账如下：

金额单位：元

日　期	摘　要	借　方（成本项目）			贷　方	借或贷	余　额
		直接材料	直接人工	制造费用			
6 日	领材料	10 400					
7 日	领材料	20 600					
29 日	分配工资		34 200				
30 日	分配制造费用			12 000			
30 日	生产费用合计						
30 日	在产品成本	5 000	6 000	3 000			
30 日	完工产品成本						

三、要求：根据上述资料填全表格并做出结转完工产品成本的会计分录。

练习五　成本综合练习

一、资料：某企业生产 A、B 两种产品。A 产品期初在产品成本为 1 000 元，其中直接材料费用 700 元，直接人工费用 200 元，制造费用 100 元。本月发生材料费用 35 000 元，生产工人工资 5 000 元，月末在产品成本为 1 200 元，其中直接材料费 800 元，直接人工费 300元，制造费用 100 元。A 产品完工产量为 400 件；B 产品期初在产品为 1 500 元，本月发生材料费用 31 200 元，生产工人工资 4 000 元，月末无在产品，完工产量为 300 件。本月共发生制造费用 4 500 元。

二、要求：计算 A 完工产品的总成本和单位成本。制造费用按生产工时比例分配法分配（A 产品生产工时为 800 小时，B 产品生产工时为 700 小时），并将计算结果填在下列分配表和明细账中。

制造费用分配表

产品名称	生产工时	分配率	分配额（元）
合　计			

生产成本——基本生产成本

产品名称：A产品   完工产量：400 件

××年		凭证		摘　　要	借　　方			
月	日	字	号		直接材料费用	直接人工费用	制造费用	合计
				期初在产品成本				
				领用材料				
				分配职工薪酬				
				分配制造费用				
				生产费用合计				
				完工产品成本转出				
				完工产品单位成本				
				期末在产品成本				

练习六　销售、利润实现及利润分配业务的核算

一、资料：某企业本期发生下列经济业务：

① 销售商品一批，价款 800 000 元，增值税税率 16%，货款及增值税均存入银行。

② 销售商品一批，付款期为 1 个月，现金折扣条件为 2/10，1/20，n/30。价款 200 000 元，增值税税率 16%。

③ 用银行存款支付销售费用 5 000 元。

④ 结转已销商品的成本 500 000 元。

⑤ 收回欠前货款，客户在 20 天内偿还了款项，按销售收入计算现金折扣。

⑥ 期末该企业应收账款余额 100 000 元，预计可收回金额 95 000 元，本期期初"坏账准备"账户没有余额。

⑦ 将实现的销售收入结转到"本年利润"账户。

⑧ 将销售成本、管理费用、营业费用等结转到"本年利润"账户。

⑨ 计算结转所得税，所得税税率 25%。

⑩ 按净利润 10%、5% 提取法定盈余公积金和任意盈余公积金。

⑪ 按净利润 50% 向投资者分配利润。

⑫ 该企业增值税进项税为 54 000 元，用银行存款支付应交增值税。

二、要求：根据本期经济业务编制会计分录。

练习七

一、目的：掌握生产经营过程的核算。

二、资料：某企业 20××年 1 月发生以下经济业务：

1. 1 月 2 日，用银行存款购入材料一批，价值 15 000 元，增值税率为 16%，已验收入库。

2. 1 月 4 日，从银行提取现金 3 000 元备用。

3. 1 月 5 日，向银行借款 60 000 元，存入银行，期限 6 个月。

4. 1 月 7 日，罗明出差，预借差旅费 3 000 元，以现金支付。

5. 1 月 8 日，用银行存款购入计算机一台，作为厂部办公设备，价值 10 000 元。

6. 1 月 9 日，用银行存款购入办公用品 500 元，企业管理部门领用 300 元，车间领用 200 元。

7. 1 月 10 日，从银行提取现金 34 200 元，备发工资。

8. 1 月 10 日，用现金 34 200 元发放职工工资。

9. 1 月 11 日，收到某购货单位前欠的账款 5 000 元，存入银行。

10. 1 月 12 日，罗明出差归来，报销差旅费 2 500 元，余款退回现金。

11. 1 月 13 日，购入材料，含税价 8 000 元，增值税税率为 16%，货款暂欠，材料已验收入库。

12. 1 月 14 日，用银行存款支付电话费 1 200 元，其中，企业管理部门应负担 800 元，车间负担 400 元。

13. 1 月 15 日，用银行存款支付电费 1 000 元，企业管理部门耗用 300 元，车间耗用 700 元。

14. 1 月 16 日，分配本月职工工资，生产甲产品工人工资 9 120 元，乙产品工人工资 13 680 元，车间管理人员工资 3 420 元，企业管理部门人员工资 7 980 元。

15. 1 月 18 日，计提本月固定资产折旧，车间折旧费 2 000 元，企业管理部门折旧费 1 000 元。

16. 1 月 20 日，支付应由本月负担的财产保险费，车间财产保险费为 800 元，企业管理部门财产保险费为 1 200 元。

17. 1 月 23 日，计提本月应负担的银行借款利息 900 元。

18. 1 月 24 日，本月发出材料情况如下：生产甲产品领用 4 000 元，乙产品领用 6 000 元，车间一般消耗性领用 500 元，企业管理部门领用 1 500 元。

19. 1 月 25 日，计算并结转本月制造费用，按照甲、乙产品生产工人的工资比例分摊。

20. 1 月 26 日，本月生产的乙产品 100 件全部完工，计算并结转乙产品的全部生产成本。

21. 1 月 27 日，销售乙产品 100 件，单价 600 元，增值税税率为 16%，货款尚未收到。

22. 1 月 28 日，按销售收入的 5%，计算应缴纳的销售税金。

23. 1 月 28 日，以银行存款支付乙产品的广告费 528 元。

24. 1 月 29 日，收到购货单位所欠乙产品货款 696 000 元。

25. 1月29日，月末企业对库存材料进行清查，盘亏材料一批，价值200元。

26. 1月29日，以银行存款支付本月所欠材料款8 000元。

27. 1月30日，没收包装物加收的押金10 000元，转为营业外收入。（假设不考虑税的因素）

28. 1月30日，上述盘亏的材料，属于收发计量差错，经批准计入管理费用。

29. 1月31日，以银行存款支付企业违约罚款1 300元。

30. 1月31日，结转本月已销售乙产品的生产成本（按本月实际生产成本计算）。

31. 1月31日，将"主营业务收入"、"营业外收入"账户余额，结转到"本年利润"账户。

32. 1月31日，将"主营业务成本"、"管理费用"、"销售费用"、"财务费用"、"营业外支出"等账户余额结转到"本年利润"账户。

33. 1月31日，按企业本月实现利润总额的25%，计算应缴纳的所得税。

34. 1月31日，将"所得税费用"账户余额结转到"本年利润"账户。

35. 1月31日，按照税后利润的10%提取盈余公积金。

36. 1月31日，企业决定向投资者分配利润5 000元。

37. 1月31日，将"本年利润"账户余额转入"利润分配"账户。

38. 1月31日，将"利润分配"账户下其他明细账户的期末余额，转入"利润分配——未分配利润"账户。

三、要求：根据上述经济业务编制会计分录。

参考答案

一、单项选择题

1. D　　2. D　　3. C　　4. D　　5. A　　6. B　　7. D　　8. A　　9. C　　10. D

二、多项选择题

1. ACDE　　2. ABC　　3. ABD　　4. ACD　　5. AB　　6. ABCDE　　7. ABCDE
8. ABCDE　　9. ABC　　10. ABC

三、判断题

1. √　　2. ×　　3. √　　4. ×　　5. √　　6. ×　　7. √　　8. √　　9. √
10. √

四、简答题（略）

五、综合业务题

练习一

发出材料汇总表

项 目	甲材料		乙材料		丙材料		合 计	
	数量（千克）	金额（元）	数量（千克）	金额（元）	数量（千克）	金额（元）	数量（千克）	金额（元）
A 产品	1 000	8 000	800	2 400	2 000	20 000		30 400
B 产品	1 000	8 000	600	1 800	1 000	10 000		19 800
小 计								50 200
车间一般领用	500	4 000			100	1 000		5 000
管理部门领用			400	1 200				1 200
合 计		20 000		5 400		31 000		56 400

借：生产成本——A   30 400

         ——B   19 800

  制造费用   5 000

  管理费用   1 200

    贷：原材料——甲   20 000

            ——乙   5 400

            ——丙   31 000

练习二

结转工资费用时，记：

借：生产成本——A   300 000

         ——B   200 000

  制造费用   10 000

  管理费用   20 000

  在建工程   3 000

    贷：应付职工薪酬   533 000

练习三

制造费用明细账　　　　　　　　　　　　　　金额单位：元

日 期	职工薪酬	折旧费	保险费	材料费	办公费	合 计
×月1日				2 000		2 000
×月3日					800	800
×月15日				1 000		1 000

续表

日 期	职工薪酬	折旧费	保险费	材料费	办公费	合 计
×月30日	11 400					11 400
×月30日			600			600
×月30日		4 000				4 000
合 计	11 400	4 000	600	3 000	800	19 800

借：生产成本——A   11 880
        ——B   7 920
    贷：制造费用   19 800

练习四

日 期	摘 要	借 方（成本项目）			贷 方	借或贷	余 额（元）
		直接材料	直接人工	制造费用			
6 日	领材料	10 400					10 400
7 日	领材料	20 600					20 600
29 日	分配工资		34 200				34 200
30 日	分配制造费用			12 000			12 000
30 日	生产费用合计						77 200
在产品成本		5 000	6 000	3 000			14 000
完工产品成本		26 000	28 200	9 000			63 200

借：库存商品   63 200
    贷：生产成本   63 200

练习五

制造费用分配表

产品名称	生产工时	分配率	分配额（元）
A	800	3	2 400
B	700	3	2 100
合 计	1 500	—	4 500

生产成本——基本生产成本

产品名称：A产品 完工产量：400 件 金额单位：元

××年		凭证		摘 要	借 方			
月	日	字	号		直接材料费用	直接人工费用	制造费用	合计
				期初在产品成本	700	200	100	1 000
				领用材料	35 000			35 000
				分配工资及福利费		5 000		5 000
				分配制造费用			2 400	2 400
				生产费用合计	35 700	5 200	2 500	43 400
				完工产品成本转出	34 900	4 900	2 400	42 200
				完工产品单位成本				105.5
				期末在产品成本	800	300	100	1 200

练习六

① 借：银行存款　　　　　　　　　　　　　　　　928 000
　　　贷：主营业务收入　　　　　　　　　　　　　　800 000
　　　　　应交税费——应交增值税（销项税额）　　128 000
② 借：应收账款　　　　　　　　　　　　　　　　232 000
　　　贷：主营业务收入　　　　　　　　　　　　　　200 000
　　　　　应交税费——应交增值税（销项税额）　　　32 000
③ 借：销售费用　　　　　　　　　　　　　　　　　5 000
　　　贷：银行存款　　　　　　　　　　　　　　　　　5 000
④ 借：主营业务成本　　　　　　　　　　　　　　500 000
　　　贷：库存商品　　　　　　　　　　　　　　　　500 000
⑤ 借：银行存款　　　　　　　　　　　　　　　　232 000
　　　　财务费用　　　　　　　　　　　　　　　　　2 000
　　　贷：应收账款　　　　　　　　　　　　　　　　234 000
⑥ 借：资产减值损失　　　　　　　　　　　　　　　5 000
　　　贷：坏账准备　　　　　　　　　　　　　　　　　5 000
⑦ 借：主营业务收入　　　　　　　　　　　　　1 000 000
　　　贷：本年利润　　　　　　　　　　　　　　　1 000 000

⑧ 借：本年利润　　　　　　　　　　　　　　　　　512 000

　　　贷：主营业务成本　　　　　　　　　　　　　　　500 000

　　　　　资产减值损失　　　　　　　　　　　　　　　　5 000

　　　　　销售费用　　　　　　　　　　　　　　　　　　5 000

　　　　　财务费用　　　　　　　　　　　　　　　　　　2 000

⑨ 主营业务利润 = 1 000 000 − 500 000 = 500 000（元）

营业利润 = 500 000 − 5 000 − 5 000 − 2 000 = 488 000（元）

利润总额 = 488 000 元

所得税 = 488 000 × 25% = 122 000（元）

借：所得税费用　　　　　　　　　　　　　　　　　122 000

　　贷：应交税费——应交所得税　　　　　　　　　　122 000

借：本年利润　　　　　　　　　　　　　　　　　　122 000

　　贷：所得税费用　　　　　　　　　　　　　　　　122 000

⑩ 净利润 = 488 000 − 122 000 = 366 000（元）

提取法定盈余公积 = 366 000 × 10% = 36 600（元）

提取任意盈余公积 = 366 000 × 5% = 18 300（元）

借：利润分配——提取盈余公积　　　　　　　　　　36 600

　　贷：盈余公积　　　　　　　　　　　　　　　　　36 600

⑪ 应付利润 = 366 000 × 50% = 183 000（元）

借：利润分配——应付利润　　　　　　　　　　　　183 000

　　贷：应付利润　　　　　　　　　　　　　　　　　183 000

⑫ 应交增值税 = 160 000 − 54 000 = 106 000（元）

借：应交税费——应交增值税（已交税金）　　　　　106 000

　　贷：银行存款　　　　　　　　　　　　　　　　　106 000

练习七

1. 借：原材料　　　　　　　　　　　　　　　　　　15 000

　　　应交税费——应交增值税（进项税额）　　　　　2 400

　　　　贷：银行存款　　　　　　　　　　　　　　　17 400

2. 借：库存现金　　　　　　　　　　　　　　　　　　3 000

　　　　贷：银行存款　　　　　　　　　　　　　　　　3 000

3. 借：银行存款　　　　　　　　　　　　　　　　　60 000

　　　　贷：短期借款　　　　　　　　　　　　　　　60 000

4. 借：其他应收款　　　　　　　　　　　　　　　　　3 000

　　　　贷：库存现金　　　　　　　　　　　　　　　　3 000

5. 借：固定资产 10 000
　　贷：银行存款 10 000
6. 借：管理费用 300
　　制造费用 200
　　　贷：银行存款 500
7. 借：库存现金 34 200
　　　贷：银行存款 34 200
8. 借：应付职工薪酬 30 000
　　　贷：库存现金 30 000
9. 借：银行存款 5 000
　　　贷：应收账款 5 000
10. 借：管理费用 2 500
　　库存现金 500
　　　贷：其他应收款 3 000
11. 借：原材料 6 837.61
　　应交税费——应交增值税（进项税额） 1 162.39
　　　贷：应付账款 8 000
12. 借：管理费用 800
　　制造费用 400
　　　贷：银行存款 1 200
13. 借：管理费用 300
　　制造费用 700
　　　贷：银行存款 1 000
14. 借：生产成本——甲 9 120
　　　　　　——乙 13 680
　　制造费用 3 420
　　管理费用 7 980
　　　贷：应付职工薪酬 34 200
15. 借：制造费用 2 000
　　管理费用 1 000
　　　贷：累计折旧 3 000
16. 借：制造费用 800
　　管理费用 1 200
　　　贷：银行存款 2 000

17. 借：财务费用 900
　　　贷：应付利息 900
18. 借：生产成本——甲 4 000
　　　　　　——乙 6 000
　　　制造费用 500
　　　管理费用 1 500
　　　贷：原材料 12 000
19. 借：生产成本——甲 3 208
　　　　　　——乙 4 812
　　　贷：制造费用 8 020
20. 借：库存商品——乙 24 492
　　　贷：生产成本——乙 24 492
21. 借：应收账款 696 000
　　　贷：主营业务收入 60 000
　　　　　应交税费——应交增值税（销项税额） 9 600
22. 借：营业税金及附加 3 000
　　　贷：应交税费 3 000
23. 借：销售费用 528
　　　贷：银行存款 528
24. 借：银行存款 696 000
　　　贷：应收账款 696 000
25. 借：待处理财产损溢 200
　　　贷：原材料 200
26. 借：应付账款 8 000
　　　贷：银行存款 8 000
27. 借：其他应付款 10 000
　　　贷：营业外收入 10 000
28. 借：管理费用 200
　　　贷：待处理财产损溢 200
29. 借：营业外支出 1 300
　　　贷：银行存款 1 300
30. 借：主营业务成本 24 492
　　　贷：库存商品——乙 24 492

31. 借：主营业务收入　　　　　　　　　　　　　　　　60 000

　　　营业外收入　　　　　　　　　　　　　　　　　10 000

　　　贷：本年利润　　　　　　　　　　　　　　　　　　　　70 000

32. 借：本年利润　　　　　　　　　　　　　　　　　　46 000

　　　贷：管理费用　　　　　　　　　　　　　　　　　　　　15 780

　　　　　主营业务成本　　　　　　　　　　　　　　　　　　24 492

　　　　　营业外支出　　　　　　　　　　　　　　　　　　　 1 300

　　　　　销售费用　　　　　　　　　　　　　　　　　　　　　 528

　　　　　财务费用　　　　　　　　　　　　　　　　　　　　　 900

　　　　　营业税金及附加　　　　　　　　　　　　　　　　　 3 000

33. 借：所得税费用　　　　　　　　　　　　　　　　　 6 000

　　　贷：应交税费　　　　　　　　　　　　　　　　　　　　 6 000

34. 借：本年利润　　　　　　　　　　　　　　　　　　 6 000

　　　贷：所得税费用　　　　　　　　　　　　　　　　　　　 6 000

35. 借：利润分配——提取盈余公积　　　　　　　　　　 1 800

　　　贷：盈余公积　　　　　　　　　　　　　　　　　　　　 1 800

36. 借：利润分配——应付利润　　　　　　　　　　　　 5 000

　　　贷：应付利润　　　　　　　　　　　　　　　　　　　　 5 000

37. 借：本年利润　　　　　　　　　　　　　　　　　　18 000

　　　贷：利润分配——未分配利润　　　　　　　　　　　　　18 000

38. 借：利润分配——未分配利润　　　　　　　　　　　 6 800

　　　贷：利润分配——应付利润　　　　　　　　　　　　　　 5 000

　　　　　　　　　——提取盈余公积　　　　　　　　　　　　 1 800

第十章

财务报告编制与分析

一、单项选择题（每题只有一个答案是正确的；将正确答案对应的字母填入括号）

1. 下列资产负债表项目，可直接根据有关总账余额填列的是（   ）。
    A. 固定资产
    B. 交易性金融资产
    C. 存货
    D. 长期借款

2. 乙企业"原材料"科目借方余额 300 万元，"生产成本"科目借方余额 200 万元，"库存商品"科目借方余额 500 万元，"存货跌价准备"科目贷方余额 80 万元，该企业期末资产负债表中"存货"项目应填列的金额为（   ）万元。
    A. 1 000
    B. 920
    C. 800
    D. 720

3. 某企业 20×2 年 12 月 31 日固定资产账户余额为 2 000 万元，累计折旧账户余额为 800 万元，固定资产减值准备账户余额为 100 万元，在建工程账户余额为 200 万元。该企业 20×2 年 12 月 31 日资产负债表中固定资产项目的金额为（   ）万元。
    A. 1 200
    B. 90
    C. 1 100
    D. 2 200

4. 资产负债表中货币资金项目中包含的项目是（   ）。
    A. 银行本票存款
    B. 银行承兑汇票
    C. 商业承兑汇票
    D. 交易性金融资产

5. 某企业"应收账款"总账科目月末借方余额 300 万元，其中："应收甲公司账款"明细科目借方余额 350 万元，"应收乙公司账款"明细科目贷方余额 50 万元，"预收账款"科目月末贷方余额 300 万元，其中："预收 A 工厂账款"明细科目贷方余额 500 万元，"预收 B 工厂账款"明细科目借方余额 200 万元。与应收账款有关的"坏账准备"明细科目贷方余额为 10 万元，与其他应收款有关的"坏账准备"明细科目贷方余额为 5 万元。该企业月末资产负债表中"预收款项"项目的金额为（   ）万元。
    A. 300
    B. 590
    C. 550
    D. 585

6. "预付账款"科目明细账中若有贷方余额，应将其计入资产负债表中的（   ）项目。
    A. 应收账款
    B. 预收款项
    C. 应付账款
    D. 其他应付款

7. 某企业 20×2 年发生的营业收入为 200 万元，营业成本为 100 万元，销售费用为 10 万元，管理费用为 20 万元，财务费用为 5 万元，投资收益为 20 万元，资产减值损失为 10 万元（损失），公允价值变动损益为 30 万元（收益），营业外收入为 8 万元，营业外支出为 7 万元，该企业 20×2 年的营业利润为（　　）万元。

    A. 108　　　　　　B. 105　　　　　　C. 85　　　　　　D. 100

8. 在下列各项税金中，应在利润表中的"营业税金及附加"项目反映的是（　　）。

    A. 车船税　　　　　　　　　　B. 城市维护建设税

    C. 印花税　　　　　　　　　　D. 房产税

9. 下列资产负债表项目中，应根据多个总账科目余额计算填列的是（　　）。

    A. 应付账款　　　B. 存货　　　C. 货币资金　　　D. 长期借款

10. 下列各项不属于现金等价物的是（　　）。

    A. 现金　　　　　　　　　　　B. 随时用于支付的银行存款

    C. 3 个月内到期的债券投资　　　D. 准备近期出售的股票投资

11. 下列项目在资产负债表中只需要根据某个总分类账账户就能填列的项目是（　　）。

    A. 应收账款　　　　　　　　　B. 应付职工薪酬

    C. 预付款项　　　　　　　　　D. 预收款项

12. 下列项目中，不属于流动负债的有（　　）。

    A. 应付职工薪酬　　　　　　　B. 预收款项

    C. 一年内到期的非流动负债　　D. 预付款项

13. 下列各项中，不影响营业利润的项目有（　　）。

    A. 已销商品成本　　　　　　　B. 原材料销售收入

    C. 出售固定资产净收益　　　　D. 转让股票所得收益

14. 如果流动比率过高，下列分析不正确的是（　　）。

    A. 存在闲置现金　　　　　　　B. 存在存货积压

    C. 应收账款周转缓慢　　　　　D. 偿债能力很差

15. 某企业 2010 年营业收入为 6 000 万元，平均流动资产为 400 万元，平均固定资产为 800 万元。假定没有其他资产，则该企业 2010 年的总资产周转率为（　　）。

    A. 10　　　　　　B. 15　　　　　　C. 7.5　　　　　　D. 5

二、多项选择题（每题至少有两个答案是正确的；将正确答案对应的字母填入括号）

1. 长期借款不应该按照（　　）方法填列。

    A. 根据总账科目余额填列

    B. 根据明细账科目余额计算填列

    C. 根据总账科目和明细账科目余额分析计算填列

    D. 根据有关科目余额减去其备抵科目余额后的净额填列

2. 资产负债表中的"应收账款"项目应根据（　　　）填列。

　　A. 应收账款所属明细账借方余额合计

　　B. 预收账款所属明细账借方余额合计

　　C. 按应收账款余额一定比例计提的坏账准备科目的贷方余额

　　D. 应收账款总账科目借方余额

3. 资产负债表的数据来源，可以通过以下几种方式获得（　　　）。

　　A. 直接从总账科目的余额获得

　　B. 根据明细科目的余额分析获得

　　C. 根据几个总账科目的余额合计获得

　　D. 根据有关科目的余额分析获得

4. 下列各项中，应包括在资产负债表"存货"项目的有（　　　）。

　　A. 委托代销商品成本　　　　　B. 委托加工材料成本

　　C. 正在加工中的在产品成本　　D. 发出商品

5. 下列项目中，属于流动负债的有（　　　）。

　　A. 其他应付款　　　　　　　　B. 应交税费

　　C. 一年内到期的非流动负债　　D. 预付款项

6. 工业企业缴纳的下列各种税金中，可能通过"营业税金及附加"科目核算的有（　　　）。

　　A. 增值税销项税额　　　　　　B. 消费税

　　C. 城市维护建设税　　　　　　D. 印花税

7. 某企业 2008 年度发生的下列交易或事项中，会引起投资活动产生的现金流量发生变化的有（　　　）。

　　A. 向投资者派发现金股利 20 万元

　　B. 转让一项专利权，取得价款 800 万元

　　C. 购入一项专有技术用于日常经营，支付价款 80 万元

　　D. 采用权益法核算的长期股权投资，实现投资收益 700 万元

8. 下列各项中，对资产负债表的作用描述正确的有（　　　）。

　　A. 通过编制资产负债表可以反映企业资产的构成及其状况

　　B. 通过编制资产负债表可以分析企业的偿债能力

　　C. 通过编制资产负债表可以分析企业的获利能力

　　D. 通过编制资产负债表可以反映企业所有者权益的情况

9. 下列各项中，属于现金流量表中现金及现金等价物的有（　　　）。

　　A. 库存现金　　　　　　　　　B. 其他货币资金

　　C. 3 个月内到期的债券投资　　D. 随时用于支付的银行存款

10. 下列各项不能引起现金流量净额变动的项目有 （　　）。

    A. 购入 3 个月内到期的国债　　　B. 用银行存款购买短期套利的股票

    C. 用固定资产换取存货　　　　　D. 用存货清偿 20 万元的债务

11. 如果流动比率过高，意味着企业可能 （　　）。

    A. 存在闲置现金　　　　　　　　B. 存在存货积压

    C. 应收账款周转缓慢　　　　　　D. 偿债能力很差

12. 按照《企业会计准则第 30 号——财务报表列报》的规定，企业的财务报表至少应当包括 "四表一注"，这里 "四表" 是指 （　　）。

    A. 资产负债表　　　　　　　　　B. 利润表

    C. 现金流量表　　　　　　　　　D. 利润分配表以及附注

13. 下列各项中，属于财务报表列报的基本要求有 （　　）。

    A. 遵循各项会计准则进行确认和计量

    B. 以持续经营为基础列报

    C. 具有重要性的项目在财务报表中单独列报

    D. 财务报表项目的列报应当在各个会计期间保持一致，不得随意变更

14. 下列项目中，是利润表中 "营业利润" 的构成项目有 （　　）。

    A. 营业收入　　　　　　　　　　B. 营业成本

    C. 营业税金及附加　　　　　　　D. 投资收益

15. 下列项目，应当在利润表 "营业成本" 项目中列示的有 （　　）。

    A. 主营业务成本　　　　　　　　B. 其他业务成本

    C. 生产成本　　　　　　　　　　D. 工程成本

三、判断题（判断每题的陈述正确与否：如果正确，在题目的括号中划 "√"；如果错误，在题目的括号中划 "×"）

1. 资产负债表中的应收账款项目应根据 "应收账款" 所属明细账借方余额合计数、"预收账款" 所属明细账借方余额合计数和 "坏账准备" 总账的贷方余额计算填列。　　（　　）

2. "利润分配" 总账的年末余额不一定与相应的资产负债表中未分配利润项目的数额一致。　　（　　）

3. 应收票据项目应根据 "应收票据" 总账余额填列。　　（　　）

4. "应收利息" 科目的期末余额，减去 "坏账准备" 科目中有关应收利息计提的坏账准备期末余额后的金额填列。　　（　　）

5. "长期股权投资" 项目应根据 "长期股权投资" 科目的期末余额，减去 "长期股权投资减值准备" 科目的期末余额后的金额填列。　　（　　）

6. "预收款项" 项目应根据 "预收账款" 和 "应收账款" 科目所属各明细科目的期末贷方余额合计数填列。如 "预收账款" 科目所属各明细科目期末有借方余额，应在资产负

债表"应付账款"项目内填列。 （　　）

7. 资产负债表中确认的资产都是企业拥有的。 （　　）

8. 增值税应在利润表的营业税金及附加项目中反映。 （　　）

9. "在建工程"项目应根据"在建工程"科目的期末余额填列。 （　　）

10. 企业应当在利润表中列示每股收益信息。 （　　）

四、简答题

1. 什么是财务报告？简述财务报告的构成内容及财务报告编报的要求。

2. 什么是财务报表？财务报表由哪些内容构成？

3. 说明资产负债表中"货币资金"、"应收账款"、"固定资产"、"未分配利润"项目和利润表中"营业收入"、"营业成本"项目的填列方法？

4. 什么是资产负债表？表中项目如何填列？

5. 什么是利润表？表中项目如何填列？

6. 什么是现金流量表？现金包括哪些内容？

7. 现金流量是如何分类的？

五、综合题

（一）甲上市公司为增值税一般纳税人，适用的增值税税率为16%。存货按实际成本核算，商品售价不含增值税，其销售成本随销售同时结转。20×2年1月1日资产负债表（简表）资料如下：

资产负债表（简表）

编制单位：甲上市公司　　　　　　　　　　20×2年1月1日　　　　　　　　　　金额单位：万元

资　产	年初余额	负债和所有者权益	年初余额
货币资金	320.4	短期借款	200
交易性金融资产	0	应付账款	84
应收票据	24	应付票据	40
应收账款	159.2	预收款项	60
预付款项	0.16	应付职工薪酬	4
存货	368	应交税费	9.6
长期股权投资	480	应付利息	40
固定资产	1 442	长期借款	1 008
在建工程	100	实收资本	1 600
无形资产	204	盈余公积	96
长期待摊费用	50	未分配利润	6.16
资产总计	3 147.76	负债和所有者权益总计	3 147.76

20×2 年甲上市公司发生如下交易或事项：

（1）购入材料一批，开具商业承兑汇票一张，发票账单已经收到，增值税专用发票上注明的货款为 30 万元，增值税额为 4.8 万元，材料已验收入库。

（2）以银行存款购入公允价值为 100 万元的股票，作为交易性金融资产核算。期末交易性金融资产公允价值仍为 100 万元。

（3）计算并确认短期借款利息 5 万元。

（4）计算并计提坏账准备 8 万元。

（5）计提行政管理部门用固定资产折旧 20 万元；摊销管理用无形资产成本 10 万元。

（6）销售库存商品一批。该批商品售价为 100 万元，增值税为 16 万元，实际成本为 65 万元，商品已发出。甲公司已于上年预收货款 60 万元，其余款项尚未结清。

（7）分配工资费用，其中企业行政管理人员工资 15 万元，在建工程人员工资 5 万元。

（8）计提应计入在建工程成本的分期付息的长期借款利息 20 万元。

（9）确认对联营企业的长期股权投资收益 50 万元。

（10）计算并确认应交城市维护建设税 3 万元（教育费附加略）。

（11）转销无法支付的应付账款 30 万元。

（12）本年度实现利润总额 54 万元，所得税费用和应交所得税均为 18 万元（不考虑其他因素）；提取法定盈余公积 3.6 万元。

要求：

（1）编制甲上市公司 20×2 年度上述交易或事项的会计分录（不需要编制各损益类科目结转本年利润以及利润分配的有关会计分录，要求写出"应交税费"科目的明细科目）。

（2）填列甲上市公司 20×2 年 12 月 31 日的资产负债表。

资产负债表（简表）

编制单位：甲上市公司　　　　　　　　　　20×2 年 12 月 31 日　　　　　　　　　　金额单位：万元

资　　产	期末余额	负债和所有者权益	期中余额
货币资金		短期借款	
交易性金融资产		应付票据及应付账款	
应收票据及应收账款		预收款项	
预付账款		应付职工薪酬	
存货		应交税费	
长期股权投资		应付利息	

续表

资　　产	期末余额	负债和所有者权益	期中余额
固定资产		长期借款	
在建工程		实收资本	
无形资产		盈余公积	
长期待摊费用		未分配利润	
资产总计		负债和所有者权益总计	

（二）计算分析题。

甲公司 2007 年 12 月 31 日结账后有关科目余额如下所示（金额单位：万元）：

科目名称	借方余额	贷方余额
应收账款	300	20
坏账准备——应收账款		40
预收账款	50	200
应付账款	10	200
预付账款	180	30

要求：根据上述资料，计算资产负债表中下列项目的金额：（1）应收账款；（2）预付款项；（3）应付账款；（4）预收款项。

（三）资料：甲企业为一般纳税企业，增值税税率为 16%，20×2 年 4 月发生下列经济业务：

1. 销售甲商品一批，增值税发票注明售价为 300 000 元，增值税额 51 000 元。销售合同中规定按不含税销价计算的现金折扣条件为：2/10、1/20、n/30，款项尚未收到。该批商品的生产成本为 240 000 元。

2. 8 天后，购货方付清了货款，甲企业收到 345 000 元，款项存入银行。

3. 将一项专利权的产权转让给外单位，取得转让收入 150 000 元，款项存入银行。该专利权初始成本为 120 000 元，已累计摊销 2 500 元。转让无形资产适用的营业税税率为 5%。

4. 因意外事故，经批准报废设备一台，该设备原价为 500 000 元，已计提折旧 420 000 元。用现金支付清理费 600 元，获残料变价收入 5 000 元，经保险公司核定，甲企业可赔偿 70 000 元；该设备已清理完毕，结转清理净损益。

5. 企业将持有的，作为交易性金融资产的 D 公司股票，以每股 12.5 元的价格出售 75 000 股，出售中发生相关税费 2 500 元，出售价款存入银行，该股票账面余额为 747 000 元（其中，成本 740 000 元，公允价值变动 7 000 元）。

6. 以银行存款支付行政管理部门报纸杂志费为 5 000 元。

7. 经计算，本月应交税费 4 000 元，其中：城市维护建设税 2 800 元，教育费附加 1 200 元。

8. 以银行存款支付广告费 2 400 元。

9. 月末将各损益账户余额结转至"本年利润"账户。

10. 按 25% 所得税税率计算应交所得税（列示计算式）。

11. 将所得税转至"本年利润"账户。

要求：根据上述经济业务编制会计分录，并编制利润表。

（四）已知某公司 20×2 年会计报表的有关资料如下：

金额单位：万元

资产负债表项目	年初数	年末数
资产	8 000	10 000
负债	4 500	6 000
所有者权益	3 500	4 000
利润表项目	上年数	本年数
营业收入	（略）	20 000
净利润	（略）	500

要求：计算下列指标（计算结果保留两位小数）：

（1）净资产收益率。

（2）总资产增长率。

（3）营业净利率。

（4）总资产周转率。

（五）资料：长江公司属于工业企业，为增值税一般纳税人，适用 16% 的增值税税率，售价中不含增值税。商品销售时，同时结转成本。本年利润采用表结法结转。20×2 年 11 月 30 日损益类有关科目的余额如下表所示（金额单位：万元）：

科目名称	借方余额	科目名称	贷方余额
主营业务成本	2 000	主营业务收入	3 500
税金及附加	29	其他业务收入	100
其他业务成本	60	投资收益	80
销售费用	80	营业外收入	60
管理费用	500	公允价值变动损益	60
财务费用	40		
资产减值损失	160		
营业外支出	34		

20×2 年 12 月长江公司发生如下经济业务：

（1）销售商品一批，增值税专用发票上注明的售价 400 万元，增值税 64 万元，款项尚未收到。该批商品的实际成本为 240 万元。

（2）本月发生应付职工薪酬 300 万元，其中生产工人工资 200 万元，车间管理人员工资 20 万元，厂部管理人员工资 50 万元，销售人员工资 30 万元。

（3）本月收到增值税返还 100 万元。

（4）本月摊销自用无形资产成本 40 万元。

（5）本月主营业务应交城市维护建设税 10 万元、教育费附加 1 万元。

（6）12 月 31 日，某项交易性金融公允价值上升 4 万元。

（7）12 月 31 日，计提坏账准备 10 万元，计提存货跌价准备 20 万元。

（8）该公司适用所得税税率为 25%，假定本年应纳税所得额为 1 000 万元，没有纳税调整项目。

要求：

（1）编制长江公司 20×2 年 12 月相关业务的会计分录。

（2）编制长江公司 20×2 年度利润表。

参考答案

一、单项选择题

1. B   2. B   3. C   4. A   5. C   6. C   7. B   8. B
9. C   10. D   11. B   12. D   13. C   14. D   15. D

二、多项选择题

1. ABD   2. ABC   3. ABCD   4. ABCD   5. ABC   6. BC   7. BC
8. ABD   9. ABCD   10. ACD   11. ABC   12. ABCE   13. ABCD   14. ABCD
15. AB

三、判断题

1. ×   2. ×   3. ×   4. √   5. √   6. ×   7. ×   8. ×   9. ×   10. ×

四、简答题（略）

五、综合题

（一）

（1）

① 借：原材料　　　　　　　　　　　　　　　　　　30
　　　应交税费——应交增值税（进项税额）　　　4.8
　　　贷：应付票据　　　　　　　　　　　　　　　34.8

② 借：交易性金融资产   100

      贷：银行存款   100

③ 借：财务费用   5

      贷：应付利息   5

④ 借：资产减值损失   8

      贷：坏账准备   8

⑤ 借：管理费用   30

      贷：累计折旧   20

         累计摊销   10

⑥ 借：预收账款   116

      贷：主营业务收入   100

         应交税费——应交增值税（销项税额）   16

   借：主营业务成本   65

      贷：库存商品   65

⑦ 借：管理费用   15

      在建工程   5

      贷：应付职工薪酬   20

⑧ 借：在建工程   20

      贷：应付利息   20

⑨ 借：长期股权投资   50

      贷：投资收益   50

⑩ 借：营业税金及附加   3

      贷：应交税费——应交城市维护建设税   3

⑪ 借：应付账款   30

      贷：营业外收入   30

⑫ 借：所得税费用   18

      贷：应交税费——应交所得税   18

   借：利润分配——提取法定盈余公积   3.6

      贷：盈余公积   3.6

（注：结转损益后的会计利润是 54 万元，净利润是 36 万元。）

（2）

资产负债表（简表）

编制单位：甲上市公司　　　　　　　　　20×2年12月31日　　　　　　　　　金融单位：万元

资　产	期末余额	负债和所有者权益	期末余额
货币资金	220.4（320.4 − 100）	短期借款	200
交易性金融资产	100（0 + 100）	应付票据应付账款	74.8（40 + 34.8）+ 54（84 − 30）
应收票据及应收账款	24 + 207.2（159.2 − 8 + 56）	预收款项	0（60 − 60）
预付款项	0.16	应付职工薪酬	24（4 + 20）
存货	333（368 + 30 − 65）	应交税费	41.8（9.6 − 4.8 + 16 + 3 + 18）
长期股权投资	530（480 + 50）	应付利息	65（40 + 20 + 5）
固定资产	1 422（1 442 − 20）	长期借款	1 008
在建工程	125（100 + 5 + 20）	实收资本	1 600
无形资产	194（204 − 10）	盈余公积	99.6（96 + 3.6）
长期待摊费用	50	未分配利润	38.56（6.16 + 54 − 18 − 3.6）
资产总计	3 205.76	负债和所有者权益总计	3 205.76

【解析】关于应收账款和预收款项项目的计算思路如下：年初预收账款有贷方余额60万元，本期有借方发生额117万元，因此年末预收账款有借方余额57万元，具有应收性质。因此应反映在应收账款项目中，预收款项项目年末余额为0。

（二）

（1）"应收账款"项目金额 = 300 + 50 − 40 = 310（万元）

（2）"预付款项"项目金额 = 10 + 180 = 190（万元）

（3）"应付账款"项目金额 = 200 + 30 = 230（万元）

（4）"预收款项"项目金额 = 20 + 200 = 220（万元）

（三）

1. 借：应收账款　　　　　　　　　　　　　　　　　　　348 000
　　　　贷：主营业务收入　　　　　　　　　　　　　　　　300 000
　　　　　　应交税费——应交增值税（销项税额）　　　　48 000
　借：主营业务成本　　　　　　　　　　　　　　　　　240 000
　　　　贷：库存商品　　　　　　　　　　　　　　　　　　240 000
2. 借：银行存款　　　　　　　　　　　　　　　　　　　345 000
　　　　财务费用　　　　　　　　　　　　　　　　　　　　6 000
　　　　贷：应收账款　　　　　　　　　　　　　　　　　　351 000

3. 借：银行存款   150 000

    累计摊销   2 500

    贷：无形资产——专利权   120 000

        应交税费——应交营业税   7 500

        营业外收入   25 000

4. 借：营业外支出   5 600

    贷：固定资产清理   5 600

5. 借：银行存款   935 000

    贷：交易性金融资产——成本   740 000

            ——公允价值变动   7 000

        投资收益   188 000

借：公允价值变动损益   7 000

    贷：投资收益   7 000

6. 借：管理费用   5 000

    贷：银行存款   5 000

7. 借：营业税金及附加   4 000

    贷：应交税费——应交城市维护建设税   2 800

            ——应交教育费附加   1 200

8. 借：销售费用   2 400

    贷：银行存款   2 400

9. 借：主营业务收入   300 000

    营业外收入   25 000

    投资收益   188 000

    贷：本年利润   513 000

借：本年利润   263 000

    贷：主营业务成本   240 000

        营业税金及附加   4 000

        销售费用   2 400

        管理费用   5 000

        财务费用   6 000

        营业外支出   5 600

10. 借：所得税   62 500

    贷：应交税费——应交所得税   62 500

11. 借：本年利润   62 500

　　　　贷：所得税　　　　　　　　　　　　　　　　　　　　　　　62 500

利润表

编制单位：甲企业　　　　　　　　　20×2 年 4 月　　　　　　　　　金额单位：元

项　　目	本期金额
一、营业收入	300 000
减：营业成本	240 000
税金及附加	4 000
销售费用	2 400
管理费用	5 000
财务费用	6 000
资产减值损失	0
加：公允价值变动收益（损失以"-"号填列）	-7 000
投资收益（损失以"-"号填列）	195 000
资产处置收益（损失以"-"号填列）	-5 600
二、营业利润（亏损以"-"号填列）	224 900
加：营业外收入	25 000
减：营业外支出	0
三、利润总额（亏损总额以"-"号填列）	250 000
减：所得税费用	62 500
四、净利润（净亏损以"-"号填列）	187 500

（四）

（1）净资产收益率 = $500 \div [(3\,500 + 4\,000) \div 2] \times 100\% = 13.33\%$

（2）总资产增长率 = $(10\,000 - 8\,000) \div 8\,000 \times 100\% = 25\%$

（3）营业净利率 = $500 \div 20\,000 \times 100\% = 2.5\%$

（4）总资产周转率 = $20\,000 \div [(8\,000 + 10\,000) \div 2] = 2.22$

（五）

（1）

① 借：应收账款　　　　　　　　　　　　　　　　　　　　　　　464

　　贷：主营业务收入　　　　　　　　　　　　　　　　　　　　　　　　400

　　　　应交税费——应交增值税（销项税额）　　　　　　　　　　　　　64

　　借：主营业务成本　　　　　　　　　　　　　　　　　　　　　240

　　　　贷：库存商品　　　　　　　　　　　　　　　　　　　　　　　　240

② 借：生产成本 200
　　制造费用 20
　　管理费用 50
　　销售费用 30
　　　贷：应付职工薪酬 300
③ 借：银行存款 100
　　　贷：营业外收入 100
④ 借：管理费用 40
　　　贷：累计摊销 40
⑤ 借：营业税金及附加 11
　　　贷：应交税费——应交城市维护建设税 10
　　　　　　　　——教育费附加 1
⑥ 借：交易性金融资产——公允价值变动 4
　　　贷：公允价值变动损益 4
⑦ 借：资产减值损失 30
　　　贷：坏账准备 10
　　　　存货跌价准备 20
⑧ 借：所得税费用 250
　　　贷：应交税费——应交所得税 250（1 000×25%）
（2）

利润表

编制单位：长江公司　　　　　　　　　20×2年　　　　　　　　　金额单位：万元

项　目	本期金额
一、营业收入	4 000
减：营业成本	2 300
税金及附加	40
销售费用	110
管理费用	590
财务费用	40
资产减值损失	190
加：公允价值变动收益（损失以"－"号填列）	64
投资收益（损失以"－"号填列）	80

续表

项　　目	本期金额
二、营业利润（亏损以"－"号填列）	874
加：营业外收入	160
减：营业外支出	34
三、利润总额（亏损总额以"－"号填列）	1000
减：所得税费用	250
四、净利润（净亏损以"－"号填列）	750

模拟试卷

模拟试卷（一）

一、单项选择题（本题共 10 分，每题 1 分。请将正确答案对应的字母填入答题纸）

1. 我国会计准则规定，企业会计核算应当以（   ）为基础。
    A. 权责发生制   B. 永续盘存制
    C. 收付实现制   D. 实地盘存制

2. 用于归集费用计算产品成本的账户是（   ）。
    A. 主营业务成本   B. 制造费用
    C. 生产成本   D. 销售费用

3. 下列不属于所有者权益的是（   ）。
    A. 实收资本   B. 短期借款
    C. 资本公积   D. 未分配利润

4. 通过"累计折旧"账户对"固定资产"账户进行调整，反映固定资产的（   ）。
    A. 原始价值   B. 折旧额   C. 净值   D. 增加价值

5. 股本等于（   ）乘以股份总数。
    A. 每股的市价   B. 每股的公允价值
    C. 每股的暂估价值   D. 每股的面值

6. 某企业年初未分配利润的贷方余额为 200 万元。本年度实现的净利润为 100 万元，分别按 10% 和 5% 提取法定盈余公积金和任意盈余公积金。假定不考虑其他因素，该企业年末未分配利润的贷方余额应为（   ）万元。
    A. 285   B. 270   C. 255   D. 205

7. "生产成本"账户期初余额 2 000 元，本期借方发生额 9 000 元、贷方发生额 10 000 元，该账户期末余额是（   ）元。
    A. 8 000   B. 3 000   C. 1 000   D. 都不对

8. 将现金存入银行时，应填（   ）记账凭证。
    A. 汇总凭证   B. 付款凭证

C. 收款凭证　　　　　　　　　　D. 转账凭证

9. 下列不属于会计核算的基本前提是（　　）。

A. 历史成本　　　　　　　　　　B. 持续经营

C. 会计主体　　　　　　　　　　D. 货币计量

10. 某企业将不用的一台设备出售，该设备的原始价值为 30 000 元，累计折旧为 14 000 元，出售中发生清理费用 800 元，出售所得价款 15 500 元，该项固定资产清理完毕后应记入（　　）元。

A. "营业外收入"账户 1 300　　　B. "营业外支出"账户 1 300

C. "其他业务收入"账户 1 300　　D. "其他业务成本"账户 1 300

E. 都不对

二、多项选择题（本题共 10 分，每题 2 分。请将正确答案对应的字母填入答题纸）

1. 企业在分配工资费用时，可能借记的账户有（　　）。

A. 生产成本　　　　　　　　　　B. 制造费用

C. 管理费用　　　　　　　　　　D. 主营业务成本

2. 影响企业固定资产折旧额的因素包括（　　）。

A. 固定资产原始价值　　　　　　B. 预计使用年限

C. 固定资产的预计清理费用　　　D. 固定资产的预计残值收入

3. 下列各项中影响企业营业利润的有（　　）。

A. 管理费用　　　　　　　　　　B. 所得税费用

C. 财务费用　　　　　　　　　　D. 营业外收入

4. 按照《企业会计准则第 30 号——财务报表列报》的规定，企业的财务报表至少应当包括"四表一注"，其中的"四表"包括（　　）。

A. 资产负债表　　　　　　　　　B. 利润分配表

C. 利润表　　　　　　　　　　　D. 所有者权益变动表

E. 成本费用表　　　　　　　　　F. 现金流量表

5. 目前，我国企业会计准则允许采用的存货发出的计价方法包括（　　）。

A. 先进先出法　　　　　　　　　B. 后进先出法

C. 加权平均法　　　　　　　　　D. 直线法

三、判断题（本题共 5 分，每题 1 分。请将答案填入答题纸：正确的划"√"，错误的划"×"）

1. 货币只是会计计量单位的一种。　　　　　　　　　　　　　　　（　　）

2. 一般来说法律主体均可作为会计主体，会计主体不一定是法律主体。（　　）

3. 现金折扣和销售折让，均应在实际发生时计入当期财务费用。　　（　　）

4. 各种会计核算形式的主要区别在于登记总账的依据不同。　　　　（　　）

5. 资产负债表提供企业某一会计期间的经营成果的信息。　　　　　（　　　）

四、简答题（本题共 20 分，第 1 题 10 分，第 2 题 10 分。请将答案填入答题纸）

1. 简述借贷记账法的概念及基本内容。

2. 什么是账簿的平行登记？账簿的平行登记有哪些要求？

五、会计实务题（本题共 55 分，第 1 题 6 分，第 2 题 11 分，第 3 题 14 分，第 4 题 24 分。请将答案填入答题纸）

（一）资料：甲企业月末的银行存款日记账余额为 202 000 元，银行对账单的余额为 186 500 元，经核对发现有下列未达账项：

1. 企业将收到销售货款的转账支票 14 200 元送存银行，企业已记银行存款增加，但银行尚未记账；

2. 银行代企业收到购货款 5 700 元，银行已收妥入账，企业尚未收到收款通知，所以尚未记账；

3. 企业已开出转账支票 2 800 元。企业已记银行存款减少，但持票人尚未到银行办理转账，银行尚未入账；

4. 银行代企业支付的电费 9 800 元，银行已记账，企业尚未收到银行的付款通知，所以尚未记账。

要求：根据上述资料，编制银行存款余额调节表。

（二）资料：某项固定资产原值 100 000 元，预计净残值 4 000 元，预计使用期限 5 年。

要求：计算直线法、年数总和法和双倍余额递减法中各种折旧方法下的年折旧金额。

（三）资料：某企业生产过程中发生如下经济业务：

1. 生产 A 产品领用甲材料 200 000 元，乙材料 160 000 元，生产 B 产品领用甲材料 120 000 元，乙材料 40 000 元。车间领用甲材料 12 000 元，厂部领用乙材料 400 元。

2. 分配工资：应付 A、B 产品人工工资共计 120 000 元，按 A、B 产品生产工时分配生产工人工资。A 产品生产工时 1 000 小时，B 产品生产工时 2 000 小时。车间管理人员工资 60 000 元，行政人员工资 10 000 元。

3. 通过银行转账发放工资。

4. 计提折旧，车间 16 000 元，厂部 6 000 元。

5. 以银行存款支付水电费，车间 2 000 元，厂部 1 000 元。

6. 按生产工时分配制造费用（写出计算过程）。

7. 期初没有在产品，A 产品当月全部完工，结转 A 产品完工产品成本。

要求：根据以上经济业务编制相应会计分录，写出生产成本、原材料、库存商品账户的明细科目。

（四）资料：某企业为增值税一般纳税人，增值税税率为 16%，所得税税率为 25%。本期发生以下经济业务：

1. 销售一批产品，价款为 500 000 元，增值税 80 000 元，款项尚未收到。
2. 厂长预支差旅费 1 000 元，付现金。
3. 盘亏的固定资产 29 600 元经上级主管部门批准转入"营业外支出"账户。
4. 厂长报销差旅费 800 元，退回 200 元现金。
5. 预提短期借款利息 300 元。
6. 支付产品广告费 10 000 元，开出转账支票支付。
7. 开出转账支票支付行政管理部门电脑修理费 200 元。
8. 结转已销产品成本 380 000 元。
9. 结转销售收入至本年利润账户。
10. 结转销售成本、管理费用、财务费用、销售费用和营业外支出至本年利润账户。
11. 计算应交所得税，并结转所得税费用至本年利润账户。

要求：根据以上业务编制会计分录。

模拟试卷（一）答案

一、单项选择题

1. A   2. C   3. B   4. C   5. D   6. A   7. C   8. B   9. A   10. E

二、多项选择题

1. ABC   2. ABCD   3. AC   4. ACDF   5. AC

三、判断题

1. √   2. √   3. ×   4. √   5. ×

四、简答题

1. 答：（1）以"借"和"贷"为记账符号记录经济业务的复式记账方法。

（2）记账符号。记账符号是指记账的方向。借贷记账法的记账符号——"借"和"贷"。

（3）借贷记账法的账户结构。账户的左方金额栏是借方；账户的右方金额栏是贷方。账户的性质决定借方和贷方哪一方记增加，哪一方记减少。使资产和费用增加的金额记在会计账户借方；反之，减少的金额记在会计账户贷方；使负债、所有者权益和收入增加的金额记在会计账户贷方；减少的金额记在会计账户借方。

（4）借贷记账法的记账规则：有借必有贷，借贷必相等。

（5）试算平衡。为检查会计记录的正确性进行会计账户发生额和余额的试算平衡。

2. 答：总分类账与明细分类账的平行登记，简称账簿的平行登记。账簿的平行登记是指根据会计凭证，将一项经济业务既要记入有关明细分类账，也要记入总分类账。总分类账与明细分类账之间只有进行平行登记，才能使总账控制明细分类账，使明细分类账补充说明总账的作用；另外，通过平行登记，总分类账与明细分类账之间进行核对，可以检验账户登记是否正确。其要点是：

（1）对于具体的一项会计业务，如果设置有总分类账和明细分类账，在过账时，一方面要记入涉及的总分类账户；另一方面要在它所属的明细分类账中同时予以登记，即记录对象一致。

（2）根据会计凭证记入有关总分类账账户和明细分类账的记账方向必须相同，总分类账账户记入借方，明细分类账也记入借方；总分类账账户记入贷方，明细分类账也记入贷方，即记账方向一致。

（3）过入各明细分类账账户金额的合计数，必须与登记在统驭这些明细账户的总分类账户上的金额相等，即登记金额相等。

（4）登记总分类账账户和明细分类账账户的期间必须一致。登记总账账户的经济业务是哪一会计期间，登记明细账账户的经济业务也应是相同的期间，即记账期间一致。

五、会计实务题

（一）每个空1分，共6分

银行存款余额调节表

项　　目	金　　额	项　　目	金　　额
企业银行存款日记账余额	202 000	银行对账单余额	186 500
加：银行已收，企业未收	5 700	加：企业已收，银行未收	14 200
减：银行已付，企业未付	9 800	减：企业已付，银行未付	2 800
调整后余额	197 900	调整后余额	197 900

（二）每个空1分，共11分

折旧计算表

年次	直线法年折旧额	年数总和法年折旧额	双倍余额递减法年折旧额
1	19 200	32 000	40 000
2	—	25 600	24 000
3	—	19 200	14 400
4	—	12 800	9 300
	—	6 400	9 300

（三）每个分录2分，共14分

1.

借：生产成本——A		360 000
生产成本——B		160 000
制造费用		12 000
管理费用·		400
贷：原材料——甲材料		332 000
原材料——乙材料		200 400

2.

借：生产成本——A　　　　　　　　　　　　　　　40 000
　　生产成本——B　　　　　　　　　　　　　　　80 000
　　制造费用　　　　　　　　　　　　　　　　　　60 000
　　管理费用　　　　　　　　　　　　　　　　　　10 000
　　　贷：应付职工薪酬　　　　　　　　　　　　　　　　190 000

3.

借：应付职工薪酬　　　　　　　　　　　　　　　190 000
　　　贷：银行存款　　　　　　　　　　　　　　　　　　190 000

4.

借：制造费用　　　　　　　　　　　　　　　　　16 000
　　管理费用　　　　　　　　　　　　　　　　　　6 000
　　　贷：累计折旧　　　　　　　　　　　　　　　　　　22 000

5.

借：制造费用　　　　　　　　　　　　　　　　　2 000
　　管理费用　　　　　　　　　　　　　　　　　　1 000
　　　贷：银行存款　　　　　　　　　　　　　　　　　　3 000

6.

借：生产成本——A　　　　　　　　　　　　　　　30 000
　　生产成本——B　　　　　　　　　　　　　　　60 000
　　　贷：制造费用　　　　　　　　　　　　　　　　　　90 000

7.

借：库存商品——A　　　　　　　　　　　　　　430 000
　　　贷：生产成本——A　　　　　　　　　　　　　　　430 000

（四）每个分录2分，共24分

1.

借：应收账款　　　　　　　　　　　　　　　　　580 000
　　　贷：应交税费　　　　　　　　　　　　　　　　　　80 000
　　　　　主营业务收入　　　　　　　　　　　　　　　　500 000

2.

借：其他应收款　　　　　　　　　　　　　　　　1 000
　　　贷：库存现金　　　　　　　　　　　　　　　　　　1 000

3.

借：营业外支出　　　　　　　　　　　　　　　　29 600

	贷：待处理财产损溢	29 600

4.

借：管理费用	800	
库存现金	200	
贷：其他应收款		1 000

5.

借：财务费用	300	
贷：应付利息		300

6.

借：销售费用	10 000	
贷：银行存款		10 000

7.

借：管理费用	200	
贷：银行存款		200

8.

借：主营业务成本	380 000	
贷：库存商品		380 000

9.

借：主营业务收入	500 000	
贷：本年利润		500 000

10.

借：本年利润	420 900	
贷：主营业务成本		380 000
管理费用		1 000
财务费用		300
销售费用		10 000
营业外支出		29 600

11.

借：所得税费用	19 775	
贷：应交税费		19 775
借：本年利润	19 775	
贷：所得税费用		19 775

模拟试卷（二）

一、单项选择题（将所选答案的英文字母写在题后括号中，本题共 10 分，每题 1 分）

1. 企业的会计核算方法在前后各期保持一致，不得随意变更的会计原则是指（　　）。
    A. 一致性原则
    B. 可比性原则
    C. 及时性原则
    D. 配比性原则

2. 确定会计核算空间范围的会计假设是（　　）。
    A. 持续经营
    B. 会计主体
    C. 会计分期
    D. 货币计量

3. 企业购进材料入库前的挑选整理费应（　　）。
    A. 计入营业外支出
    B. 计入管理费用
    C. 计入购进材料的采购成本
    D. 计入销售费用

4. 资产、负债和所有者权益会计要素，反映了企业（　　）。
    A. 一定时期的财务状况
    B. 一定时点的经营成果
    C. 一定时期的经营成果
    D. 一定时点的财务状况

5. 某企业 2017 年年初未分配利润的贷方余额为 200 万元。本年度实现的净利润为 100 万元，分别按 10% 和 5% 提取法定盈余公积金和任意盈余公积金。假定不考虑其他因素，该企业 2017 年年末未分配利润的贷方余额应为（　　）万元。
    A. 205
    B. 255
    C. 270
    D. 285

6. 某企业在 2018 年 7 月 8 日销售商品 100 件，增值税专用发票上注明的价款为 10 000 元，增值税额为 1 600 元。企业为了及早收回货款而在合同中规定的现金折扣条件为：2/10，1/20，n/30。假定计算现金折扣时不考虑增值税。如买方 2018 年 7 月 24 日付清货款，该企业实际收款金额应为（　　）元。
    A. 11 466
    B. 11 500
    C. 11 583
    D. 11 600

7. 企业在进行现金清查时，查出现金溢余，并将溢余数记入"待处理财产损溢"科目。后经进一步核查，无法查明原因，经批准后，对该现金溢余正确的会计处理方法是（　　）。
    A. 将其从"待处理财产损溢"科目转入"管理费用"科目
    B. 将其从"待处理财产损溢"科目转入"其他应收款"科目
    C. 将其从"待处理财产损溢"科目转入"其他应付款"科目
    D. 将其从"待处理财产损溢"科目转入"营业外收入"科目

8. 下列各项中，不通过"存货"项目反映的是（　　　）。

    A. 工程物资　　　　　　　　　　B. 库存商品

    C. 委托代销商品　　　　　　　　D. 原材料

9. 单位应当定期和不定期地进行现金盘点，以确保（　　　）。

    A. 现金账面余额与银行对账单相符

    B. 现金账面余额与实际库存相符

    C. 银行存款账面余额与银行对账单相符

    D. 银行对账单与实际库存相符

10. 某项固定资产原始价值为 280 000 元，估计使用年限为 20 年，已使用 20 年，账面余额为 8 000 元，决定清理报废，发生清理费用 4 000 元，固定资产残值变卖收入为 11 000 元，其清理损失为（　　　）元。

    A. 11 000　　　　B. 7 000　　　　C. 1 000　　　　D. 4 000

二、多项选择题（将所选答案的英文字母写在题后括号中，本题共 10 分，每题 2 分）

1. 存货发出的计价方法包括（　　　）。

    A. 后进先出法　　　　　　　　　B. 先进先出法

    C. 加权平均法　　　　　　　　　D. 个别计价法

2. 下列各项中影响企业营业利润的有（　　　）。

    A. 管理费用　　　　　　　　　　B. 财务费用

    C. 所得税费用　　　　　　　　　D. 主营业务成本

3. 会计期末，企业结转"本年利润"的贷方余额时，应（　　　）。

    A. 贷记"本年利润"账户

    B. 贷记"利润分配——未分配利润"账户

    C. 借记"利润分配——未分配利润"账户

    D. 借记"本年利润"账户

4. 下列选项中属于期间费用的有（　　　）。

    A. 制造费用　　　B. 管理费用　　　C. 财务费用　　　D. 长期待摊费用

5. 在编制试算平衡表时，账户记录出现错误，但又不影响借贷双方平衡的有（　　　）。

    A. 某项业务全部被漏记　　　　　B. 某项业务被重复记录

    C. 应借应贷方向相互颠倒　　　　D. 借贷双方均多记相同金额

三、判断题（将判断的结果写在题后括号中，正确的划"√"，错误的划"×"，本题共 5 分，每题 1 分）

1. 会计核算以人民币为记账本位币。业务收支以外币为主的企业，也可选择某种外币作为记账本位币，但编报的账务会计报告应当折算为人民币反映。　　　　　　（　　　）

2. 现金折扣和销售折让，均应在实际发生时计入当期财务费用。　　　　　　（　　　）

3. 采用预收货款方式销售商品，应在预先收到货款当时确认收入实现。　　（　　）

4. 各种会计核算形式的主要区别在于登记总账的依据不同。　　（　　）

5. 采用定期盘存法时，平时只记录存货购进的数量和金额，不计存货发出的数量和金额，期末通过实地盘点确定存货的实际结存数量，并据以计算出期末存货的成本和当期耗用或已销售存货的成本，这一方法通常也称为"以存计销"。　　（　　）

四、简答题（本题共 20 分）

1. 简述会计科目和会计账户的区别和联系。

2. 简述科目汇总表核算形式的基本程序。

五、会计实务题（本题共 55 分）

（一）资料：甲公司从 20×3 年 12 月 31 日起采用应收账款余额百分比法计提坏账准备，企业确定坏账准备的计提比例为 5%。20×3 年年末应收账款余额为 400 000 元。20×4 年度内确认坏账损失为 1 600 元，经批准予以核销，20×4 年 12 月 31 日应收账款余额为 480 000 元。20×5 年度内又发生坏账损失 12 000 元，在 20×4 年核销的坏账又收回 8 000 元，20×5 年 12 月 31 日应收账款余额为 360 000 元。

要求：编制上述经济业务的相关会计分录。

（二）资料：某企业对存货采用永续盘存制度。甲商品收入发出的资料如下：

3 月初结存数量 300 件，单价 10 元；

3 月 2 日，发出存货 200 件；

3 月 5 日，购进存货 200 件，单价 12 元；

3 月 7 日，发出存货 200 件；

3 月 10 日，购进存货 300 件，单价 11 元；

3 月 27 日，发出存货 300 件。

要求：根据上述资料，分别采用"先进先出法"和"加权平均法"列式计算 3 月甲种存货发出成本和月末结存成本。

（三）资料：某企业购入生产用设备一台，增值税专用发票上注明设备价款为 40 000 元，增值税税率为 16%，支付运杂费 500 元，安装调试费 2 700 元，该设备预计净残值收入为 2 000 元，预计使用年限为 5 年。

要求：

（1）计算该设备的原始成本。

（2）采用双倍余额递减法计算该项设备前 3 年的年折旧额。

（3）编制第一年末（按整年计提）计提累计折旧的会计分录。

（四）销售业务的核算（35 分）。

某企业为一般纳税人，增值税税率 16%，本期内发生下列经济业务：

1. 销售甲商品一批 300 件，单位售价 500 元（不含增值税，下同），用支票支付代垫运费 500 元。当天向银行办理了托收手续。

2. 结转本期已销商品的成本，单位成本 200 元。

3. 分配本期职工薪酬 9 000 元，其中，生产工人工资 4 000 元，车间管理人员工资 1 000 元，厂部管理人员工资 2 500 元，销售人员工资 1 500 元。

4. 计算本期应交税费 2 000 元，其中：城市维护建设税 1 400 元，教育费附加 600 元。

5. 本期因发生非正常损失盘亏材料一批，其实际成本为 900 元（增值税税率为 16%），后经领导批准，该笔业务已转账处理完毕。

6. 企业将闲置的设备出租，收到承租人交来 6 360 元，存入银行。该设备应计提折旧额为 700 元，租金收入适用的增值税税率为 6%。

7. 通过银行支付产品展销费 5 947 元。

8. 经批准将确实无法支付的应付账款 10 000 元转作营业外收入处理。

9. 因未对已签约的供销合同履约，以银行存款支付违约金 2 000 元。

10. 将损益类账户转入"本年利润"账户。

11. 分别列式计算当期利润总额和应纳税所得额，并按照 25% 的税率计算应交所得税费用（列示计算过程）。

模拟试题（二）答案

一、单项选择题

1. B   2. B   3. C   4. D   5. D   6. B   7. D   8. A   9. B   10. C

二、多项选择题

1. BCD   2. ABD   3. BD   4. BC   5. ABCD

三、判断题

1. √   2. ×   3. ×   4. √   5. √

四、简答题

1.

（1）会计科目是对会计要素按照经济内容的性质进行分类的项目。会计账户是根据会计科目设置的具有一定格式和结构，用于反映会计对象要素增减变动及其结果和载体。

（2）二者的区别：会计科目没有结构，只规定了核算的经济内容的性质；而账户具有一定的格式和结构，用来记录某一特定经济内容的增减变动及其变化的结果。

（3）二者的联系：会计科目是账户的名称，也是设置账户的依据，二者核算内容的性质是一致的。

2.

（1）根据原始凭证编制原始凭证汇总表；

（2）根据原始凭证或汇总表编制记账凭证；

（3）根据收付款凭证逐笔登记库存现金和银行存款日记账；

（4）根据记账凭证和原始凭证登记明细分类账；

（5）根据记账凭证定期编制科目汇总表；

（6）根据科目汇总表登记总账；

（7）对账；

（8）编制会计报表。

五、会计实务题

（一）1. 借：资产减值损失　　　　　　　　　　　　　　　　　　20 000

　　　　　贷：坏账准备　　　　　　　　　　　　　　　　　　　　　20 000

2. 借：坏账准备　　　　　　　　　　　　　　　　　　　　　1 600

　　　贷：应收账款　　　　　　　　　　　　　　　　　　　　　　1 600

3. 借：资产减值损失　　　　　　　　　　　　　　　　　　　5 600

```
                贷：坏账准备                                          5 600
    4. 借：坏账准备                                       12 000
                贷：应收账款                                          12 000
    5. 借：应收账款                                        8 000
                贷：坏账准备                                           8 000
        借：银行存款                                        8 000
                贷：应收账款                                           8 000
    6. 借：坏账准备                                        2 000
                贷：资产减值损失                                        2 000
```

（二）

先进先出法：

发出存货成本 $= 200 \times 10 + 100 \times 10 + 100 \times 12 + 100 \times 12 + 200 \times 11 = 7\,600$（元）

结存成本 $= 1\,100$ 元

加权平均法：

平均单位成本 $= (3\,000 + 2\,400 + 3\,300)/800 = 10.875$（元）

发出存货成本 $= 10.875 \times 700 = 7\,612.50$（元）

结存成本 $= 1\,087.5$ 元

（三）

（1）原始成本 $= 40\,000 + 500 + 2\,700 = 432\,000$（元）

（2）

第一年折旧额 $= 17\,280$ 元

第二年折旧额 $= 10\,368$ 元

第三年折旧额 $= 6\,220.80$ 元

（3）

```
    借：制造费用                                         17 280
            贷：累计折旧                                          17 280
```

（四）

```
    1. 借：应收账款                                      174 500
            贷：主营业务收入                                     150 000
                应交税费——应交增值税（销项税额）                     24 000
                银行存款                                            500
    2. 借：主营业务成本                                   60 000
            贷：库存商品                                         60 000
    3. 借：生产成本                                        4 000
```

制造费用	1 000
管理费用	2 500
销售费用	1 500
贷：应付职工薪酬	9 000

4. 借：税金及附加 2 000
　　贷：应交税费——城市维护建设税 1 400
　　　　　　——教育费附加 600

5. 借：待处理财产损溢 1 044
　　贷：原材料 900
　　　　应交税费——应交增值税（进项税额转出） 144
借：营业外支出 1 044
　　贷：待处理财产损溢 1 044

6. 借：银行存款 6 360
　　贷：其他业务收入 6 000
　　　　应交税费——应交增值税 360
借：其他业务成本 700
　　贷：累计折旧 700

7. 借：销售费用 5 947
　　贷：银行存款 5 947

8. 借：应付账款 10 000
　　贷：营业外收入 10 000

9. 借：营业外支出 2 000
　　贷：银行存款 2 000

10. 借：主营业务收入 150 000
　　　其他业务收入 6 000
　　　营业外收入 10 000
　　　贷：本年利润 166 000
借：本年利润 75 691
　　贷：主营业务成本 60 000
　　　　其他业务成本 700
　　　　税金及附加 2 000
　　　　管理费用 2 500
　　　　销售费用 7 447
　　　　营业外支出 3 044

11. 利润总额 = 166 000 − 75 691 = 90 309（元）

应交所得税 = (90 309 + 2 000) × 25% = 23 077.25(元)

借：所得税费用　　　　　　　　　　　　　　　　　　　　23 077.25

　　贷：应交税费　　　　　　　　　　　　　　　　　　　　　　23 077.25

借：本年利润　　　　　　　　　　　　　　　　　　　　　　23 077.25

　　贷：所得税费用　　　　　　　　　　　　　　　　　　　　　　23 077.25

模拟试卷（三）

一、单项选择题（本题共 10 分，每题 1 分。请将正确答案对应的字母填入答题纸）

1. 企业的会计核算方法不能高估资产，不得低估负债，这体现了（　　）会计原则。

    A. 一致性原则　　　　　　　　B. 谨慎性原则

    C. 及时性原则　　　　　　　　D. 配比性原则

2. 确定会计核算的记账本位币的会计假设是（　　）。

    A. 持续经营　　　　　　　　　B. 会计主体

    C. 会计分期　　　　　　　　　D. 货币计量

3. 企业购进材料支付的远程运费、保险费应计入（　　）会计科目。

    A. 财务费用　　　　　　　　　B. 管理费用

    C. 原材料　　　　　　　　　　D. 销售费用

4. 资产、负债和所有者权益这三个会计要素，反映了企业（　　）。

    A. 一定时期的财务状况　　　　B. 一定时点的经营成果

    C. 一定时期的经营成果　　　　D. 一定时点的财务状况

5. 伟业公司年初"利润分配——未分配利润"账户的贷方余额为 200 万元。本年度实现的净利润为 50 万元，分别按 10% 和 10% 提取法定盈余公积金和任意盈余公积金。假定不考虑其他因素，该企业年末"利润分配——未分配利润"账户的贷方余额应为（　　）万元。

    A. 210　　　　　B. 240　　　　　C. 250　　　　　D. 270

6. 伟业公司在 11 月 8 日销售商品 100 件，增值税专用发票上注明的价款为 10 000 元、增值税额为 1 600 元。企业为了及早收回货款而在合同中规定的现金折扣条件为：2/10，1/20，n/30。假定计算现金折扣时不考虑增值税。如果买方 11 月 26 日付清货款，该销售企业实际收款金额应为（　　）元。

    A. 11 466　　　　B. 11 500　　　　C. 11 583　　　　D. 11 600

7. 伟业公司在中国银行开户。期末，伟业公司在进行银行存款清查时，发现存在银行未达账项，对该未达账项正确的会计处理方法是（　　）。

    A. 记入"待处理财产损溢"账户　　B. 记入"银行存款"账户

    C. 记入"财务费用"账户　　　　　　D. 无须编制会计分录

8. 伟业公司"生产成本"账户期初余额 12 000 元，本期借方发生额 19 000 元、期末余额 2 000 元，该公司本期完工入库产品的生产成本是（　　）元。

    A. 5 000　　　　B. 29 000　　　　C. 33 000　　　　D. 都不对

9. 记账凭证核算程序和科目汇总表核算程序的主要区别是（　　）。

　　A. 登记总分类账的依据不同　　　　B. 使用的账簿种类不同

　　C. 编制汇总凭证的方法不同　　　　D. 科目汇总表核算程序不使用记账凭证

10. 伟业公司将不用的设备出售，该设备的账面价值 16 000 元，出售中发生清理费用 800 元，出售所得价款 17 800 元，该项固定资产清理完毕后应记入（　　）元。

　　A. "营业外收入"账户 1 000　　　　B. "资产处置损益"账户 1 000

　　C. "其他业务收入"账户 1 000　　　　D. "其他业务成本"账户 1 000

　　E. 都不对

二、多项选择题（本题共 10 分，每题 2 分。请将正确答案对应的字母填入答题纸）

1. 根据我国现行《企业会计准则》，存货发出的计价方法包括（　　）。

　　A. 后进先出法　　　　　　　　　　B. 先进先出法

　　C. 加权平均法　　　　　　　　　　D. 个别计价法

2. 下列各报表项目中，影响企业营业利润的有（　　）。

　　A. 营业外收入　　　　　　　　　　B. 财务费用

　　C. 所得税费用　　　　　　　　　　D. 营业成本

3. 会计期末，企业结转"本年利润"的贷方余额时，应（　　）。

　　A. 贷记"本年利润"

　　B. 贷记"利润分配——未分配利润"

　　C. 借记"利润分配——未分配利润"

　　D. 借记"本年利润"

4. 下列选项中属于期间费用的有（　　）。

　　A. 制造费用　　　　　　　　　　　B. 管理费用

　　C. 财务费用　　　　　　　　　　　D. 长期待摊费用

5. 试算平衡表被用来检查所有账户发生额、余额借方与贷方的相等关系。下列选项中，不能通过试算平衡发现的记账错误包括（　　）。

　　A. 某项经济业务被漏记　　　　　　B. 某项经济业务被重复记录

　　C. 应借应贷方向相互颠倒　　　　　D. 借贷双方均多记相同金额

三、判断题（本题共 5 分，每题 1 分。请将答案填入答题纸：正确的划"√"，错误的划"×"）

1. 我国境内的企业，其会计核算必须以人民币为记账本位币。　　　　　　　（　　）

2. 商品被顾客退回，应计入"管理费用"，因为这是企业管理不善造成的。　　（　　）

3. 企业应当定期和不定期地进行库存现金盘点，以确保库存现金账户余额与银行对账单余额相符。　　　　　　　　　　　　　　　　　　　　　　　　　　（　　）

4. 会计核算中，留存收益是所有者权益的组成部分，它的来源是企业利润。　（　　）

5. 采用永续盘存法时，平时只记录存货购进的数量和金额，不计存货发出的数量和金额，期末通过实地盘点确定存货的实际结存数量，并据以计算出期末存货的成本和当期耗用或已销售存货的成本。这一方法通常也称为"以存计销"。　　　　　　　　　　　（　　　）

四、简答题（本题共 20 分，第 1 题 10 分，第 2 题 10 分。请将答案填入答题纸）

1. 简述借贷记账法的概念及基本内容。

2. 简述账簿平行登记的概念及平行登记的要求。

五、会计实务题（本题共 55 分，第 1 题 8 分，第 2 题 8 分，第 3 题 39 分。请将答案填入答题纸）

（一）资料：企业的一项固定资产，买价 80 000 元（不含税），运输及途中保险 1 000 元，安装调试费共计 19 000 元。预计净残值 4 000 元，预计使用期限 5 年。不考虑增值税。

要求：

（1）采用双倍余额递减法计算该项设备前三年的年折旧额。

（2）如果企业在第三年年末出售该资产，售价 34 800 元，其中含应缴纳的增值税 4 800 元。计算固定资产清理损益。

（二）资料：企业对存货采用永续盘存制度。甲商品收入、发出的资料如下：

3 月初结存数量 300 件，单价 10 元；

3 月 2 日，发出存货 200 件；

3 月 5 日，购进存货 200 件，单价 12 元；

3 月 7 日，发出存货 200 件；

3 月 10 日，购进存货 300 件，单价 14 元；

3 月 27 日，发出存货 300 件。

要求：根据上述资料，分别采用"先进先出法"和"加权平均法"计算 3 月甲商品发出成本和月末结存成本。

（三）资料：

1. 支付商品展览费 3 000 元，通过银行转账付款。

2. 用银行存款支付电话费 3 000 元，其中：管理部门 2 300 元，车间 700 元。

3. 销售产品一批，价款 350 000 元，增值税税率 16%，未收款。

4. 购入材料一批，该批材料已经收到并验收入库，货款 30 000 元，增值税 4 800 元。开出支票并已交付供货商。

5. 预提本月短期借款利息 500 元。

6. 收到 C 公司交来抵付前欠货款的两个月期限、面值 5 000 元的商业汇票一张。

7. 计提固定资产折旧费，车间 800 元，管理部门 1 300 元。

8. 结转已销商品的销售成本 132 000 元。

9. 分配本月工资，其中：生产工人 80 000 元；车间管理人员 20 000 元；总部管理人员

20 000 元，在建工程人员工资 16 000 元。共计 136 000 元。

10. 将损益类账户发生额转入"本年利润"账户。

11. 计算所得税负债，税率 25% ；结转所得税费用，将所得税费用转入"本年利润"。

要求：根据上述经济业务，编制会计分录。

模拟试卷（三）答案

一、单项选择题

1. B　　2. D　　3. C　　4. D　　5. B　　6. B　　7. D　　8. B　　9. A　　10. B

二、多项选择题

1. BCD　　2. BD　　3. CD　　4. BC　　5. ABCD

三、判断题

1. ×　　2. ×　　3. ×　　4. √　　5. ×

四、简答题

1. 答：（1）以"借"和"贷"为记账符号记录经济业务的复式记账方法。

（2）记账符号。记账符号是指记账的方向。借贷记账法的记账符号——"借"和"贷"。

（3）借贷记账法的账户结构。账户的左方金额栏是借方；账户的右方金额栏是贷方。账户的性质决定借方和贷方哪一方记增加，哪一方记减少。使资产和费用增加的金额记在会计账户借方；反之，减少的金额记在会计账户贷方；使负债、所有者权益和收入增加的金额记在会计账户贷方；减少的金额记在会计账户借方。

（4）借贷记账法的记账规则：有借必有贷，借贷必相等。

（5）试算平衡。为检查会计记录的正确性进行会计账户发生额和余额的试算平衡。

2. 答：总分类账与明细分类账的平行登记，简称账簿的平行登记。账簿的平行登记是指根据会计凭证，将一项经济业务既要记入有关明细分类账，也要记入总分类账。总分类账与明细分类账之间只有进行平行登记，才能使总账控制明细分类账，使明细分类账补充说明总账的作用；另外，通过平行登记，总分类账与明细分类账之间进行核对，可以检验账户登记是否正确。其要点是：

（1）对于具体的一项会计业务，如果设置有总分类账和明细分类账，在过账时，一方面要记入涉及的总分类账户，另一方面要在它所属的明细分类账中同时予以登记，即记录对象一致。

（2）根据会计凭证记入有关总分类账账户和明细分类账的记账方向必须相同，总分类账账户记入借方，明细分类账也记入借方；总分类账账户记入贷方，明细分类账也记入贷方，即记账方向一致。

（3）过入各明细分类账账户金额的合计数，必须与登记在统驭这些明细账户的总分类账户上的金额相等，即登记金额相等。

（4）登记总分类账账户和明细分类账账户的期间必须一致。登记总账账户的经济业务是哪一会计期间，登记明细账账户的经济业务也应是相同的期间，即记账期间一致。

五、会计实务题

（一）（1）40 000，24 000，14 400

（2）6 900

（二）8 200，1 400   8 400，1 200

（三）每个分录3分，共39分

1.

借：销售费用	3 000
贷：银行存款	3 000

2.

借：制造费用	700
管理费用	2 300
贷：银行存款	3 000

3.

借：应收账款	406 000
贷：应交税费	56 000
主营业务收入	350 000

4.

借：原材料	30 000
应交税费	4 800
贷：银行存款	34 800

5.

借：财务费用	500
贷：应付利息	500

6.

借：应收票据	5 000
贷：应收账款	5 000

7.

借：制造费用	800
管理费用	1 300
贷：累计折旧	2 100

8.

借：主营业务成本	132 000
贷：库存商品	132 000

9.

借：生产成本	80 000	
制造费用	20 000	
管理费用	20 000	
在建工程	16 000	
贷：应付职工薪酬		136 000

10.

借：主营业务收入	350 000	
贷：本年利润		350 000
借：本年利润	159 100	
贷：主营业务成本		132 000
管理费用		23 600
财务费用		500
销售费用		3 000

11.

借：所得税费用	47 725	
贷：应交税费		47 725
借：本年利润	47 725	
贷：所得税费用		47 725

模拟试卷（四）

一、单项选择题（将正确的选项填在后面的答题卡内，每小题 1 分，本大题 10 分）

1. 下列各项基本前提中，规定了会计工作的空间范围的是（ ）。

　　A. 会计假设　　　B. 会计分期　　　C. 持续经营　　　D. 会计主体

2. 反映企业净资产的会计要素（ ）。

　　A. 资产　　　　　B. 收入　　　　　C. 所有者权益　　D. 负债

3. 下列会计科目中，属于资产类的是（ ）。

　　A. 累计折旧　　　B. 管理费用　　　C. 应付利息　　　D. 短期借款

4. 下列各项中，不属于期间费用的是（ ）。

　　A. 管理费用　　　B. 销售费用　　　C. 财务费用　　　D. 制造费用

5. 账簿按用途分类的是（ ）。

　　A. 订本账　　　　B. 活页账　　　　C. 分类账　　　　D. 卡片账

6. 企业发生现金与银行之间收付业务时，应编制（ ）。

　　A. 收款凭证　　　B. 付款凭证　　　C. 转账凭证　　　D. 科目汇总表

7. "资本公积"期初余额为 1 000 元，本期借方发生额 6 500 元，贷方发生额 7 000 元，该账户的期末余额是（ ）。

　　A. 1 500　　　　 B. 500　　　　　 C. 8 000　　　　　D. 7 500

8. 企业发生的下列税费中，应通过"税金及附加"账户核算的是（ ）。

　　A. 增值税进项税额　　　　　　　B. 所得税费用

　　C. 城市维护建设税　　　　　　　D. 增值税销项税额

9. 会计恒等式是（ ）。

　　A. 旧管 + 新收 = 开除 + 实在　　 B. 资产 = 负债 + 所有者权益

　　C. 收入 – 费用 = 利润　　　　　 D. 资产 + 费用 = 负债 + 所有者权益 + 收入

10. 资产负债表是反映企业（ ）的会计报表。

　　A. 某一定期间的财务状况　　　　B. 某一特定日期的经营成果

　　C. 某一定期间的经营成果　　　　D. 某一特定日期的财务状况

二、多项选择题（将正确选项的英文字母填写在后面的答题卡内，每小题 2 分，本大题 10 分）

1. 下列各项中，属于反映企业财务状况的会计要素有（ ）。

　　A. 资产　　　　　B. 收入　　　　　C. 负债　　　　　D. 费用

　　E. 所有者权益

2. 在下列各项目中，属于企业留存收益的有（   ）。

    A. 实收资本   B. 资本公积

    C. 盈余公积   D. 未分配利润

    E. 短期借款

3. 企业外购固定资产的成本应包括（   ）。

    A. 买价   B. 外地运杂费

    C. 进口关税   D. 安装费

    E. 增值税

4. 下列各种方法中属于企业计提折旧的方法有（   ）。

    A. 年限平均法   B. 工作量法

    C. 年数总和法   D. 一次摊销法

    E. 五五摊销法

5. 制造企业发生的下列支出中，属于营业外支出的有（   ）。

    A. 固定资产盘亏   B. 对外捐赠支出

    C. 处置固定资产净损失   D. 罚款支出

    E. 处置无形资产的净损失

三、判断题（将正确选项填写在后面的答题卡内，判断正确的划"√"，判断错误的划"×"，本大题共 5 分，每小题 1 分）

1. 资产负债表是反映企业在某一特定日期的财务状况的会计报表。（   ）

2. 各种会计核算形式的主要区别在于登记总账的依据不同。（   ）

3. 收付实现制是指凡属于本期的收入和费用，无论是否收付，均应计入本期损益。凡不属于本期的收入和费用，尽管已经收付，也不应当记入本期损益。（   ）

4. 企业在经营过程中发生的某项费用计入制造费用和计入管理费用对当期经营成果的影响是相同的。（   ）

5. 实地盘存制是指平时根据会计凭证在账簿中登记各种财产物资的增加数和减少数；期末时再通过盘点实物来确定各种财产数量，并据以确定账实是否相符的一种盘存制度。（   ）

四、简答题（本题共 20 分，每小题 10 分）

1. 简述记账凭证会计核算形式的程序。

2. 简述利润表的结构。

五、计算题（本题共 15 分）

资料：某企业购进一条生产线，设备安装完毕后，固定资产的入账原值为 400 000 元，预计折旧年限为 5 年，预计净残值为 16 000 元。采用双倍余额递减法计算该项固定资产的各年折旧额，使用四年后将其转让，转让价款 82 000 元存入银行，用现金支付清理费用

3 000 元，已办理过户手续。

要求：

1. 计算固定资产使用期间的各年度折旧额以及累计折旧总额。

2. 为增加固定资产、计提折旧总额、转让固定资产等业务编制会计分录。

六、会计实务题（本题共 40 分）

资料：甲企业发生下列经济业务：

1. 发行普通股 10 万股，每股面值 1 元，发行市价 8 元，支付发行费用 2%，收到款项存入银行。

2. 销售产品一批，价款 350 000 元，增值税率 16%，未收款。

3. 购入材料一批，向银行申请开出银行汇票一张，该批材料已经收到，货款 30 000 元，增值税 4 800 元。已经将该汇票交付对方。

4. 计提本月短期借款利息 500 元。

5. 支付商品广告费 3 000 元，通过银行付款。

6. 计算应交商品销售税金 17 500 元。

7. 以银行存款支付水电费 1 300 元，车间应负担 500 元，管理部门应负担 800 元。

8. 计提固定资产折旧费，车间 800 元，管理部门 1 300 元。

9. 收到 C 公司交来 6 个月期限、面值 5 000 元的商业汇票一张，抵付前欠货款。

10. 结转销售成本 132 000 元。

11. 计算本月应付职工薪酬共计 136 000 元。其中：生产工人 80 000 元，车间管理人员 20 000 元，管理人员 20 000 元，在建工程人员工资 16 000 元。

12. 将损益类收入类账户的发生额转入"本年利润"账户。

13. 将损益类费用类账户的发生额转入"本年利润"账户。

14. 计算本期应交所得税，税率 25%（要求列示计算过程）。

15. 将所得税费用转入"本年利润"账户。

16. 按税后利润 10% 分别计提法定盈余公积金。

17. 企业收回前欠货款 20 000 元，存入银行。

要求：根据上述经济业务编制相关会计分录。

模拟试卷（四）答案

一、单项选择题

1. D　　2. C　　3. A　　4. D　　5. C　　6. B　　7. A　　8. C　　9. B　　10. D

二、多项选择题

1. ACE　　2. CD　　3. ABCD　　4. ABC　　5. BD

三、判断题

1. √　　2. √　　3. ×　　4. ×　　5. ×

四、简答题

1. 答：记账凭证会计核算程序的基本程序是：

① 根据原始凭证编制原始凭证汇总表；

② 根据原始凭证或原始凭证汇总表编制记账凭证；

③ 根据收款凭证、付款凭证逐笔登记现金日记账和银行存款日记账；

④ 根据记账凭证和所附原始凭证、原始凭证汇总表登记明细分类账；

⑤ 根据记账凭证逐笔登记总分类账；

⑥ 将现金日记账、银行存款日记账以及各种明细分类账户余额分别与总分类账中有关账户的余额进行核对；

⑦ 月末，根据核对无误的总分类账和各种明细分类账的资料编制会计报表。

2. 答：利润表是由表首和基本部分两部分构成，表首的内容包括报表的名称、编制时间、编制单位和金额单位。我国企业的利润表采用多步计算式结构。即通过对当期的收入、费用、支出项目按性质加以归类，按利润表形成的主要环节列示一些中间性利润指标，分步计算当期净损益。利润表中基本部分的内容包括以营业收入为计算基础而形成的三项利润和每股收益。即营业利润、利润总额、净利润和每股收益。

五、计算题

1. 折旧计算过程：

第 1 年折旧额 = 400 000 × 40% = 160 000（元）

第 2 年折旧额 = 240 000 × 40% = 96 000（元）

第 3 年折旧额 = 144 000 × 40% = 57 600（元）

第 4 年折旧额 = （86 400 − 16 000）÷ 2 年 = 35 200（元）

四年折旧总额 = 348 800 元

2. 会计分录：

（1）借：固定资产　　　　　　　　　　　　　　　　　　400 000

          贷：在建工程（或银行存款）   400 000

（2）借：制造费用   348 800

          贷：累计折旧   348 800

（3）借：固定资产清理   51 200

          累计折旧   348 800

          贷：固定资产   400 000

（4）借：银行存款   82 000

          贷：固定资产清理   82 000

（5）借：固定资产清理   3 000

          贷：库存现金   3 000

（6）借：固定资产清理   27 800

          贷：营业外收入   27 800

六、会计实务题

1. 借：银行存款   784 000

       贷：股本   100 000

          资本公积   684 000

2. 借：应收账款   406 000

       贷：主营业务收入   350 000

          应交税费——应交增值税（销项税额）   56 000

3. 借：原材料   30 000

       应交税费——应交增值税（进项税额）   4 800

       贷：应付票据   34 800

4. 借：财务费用   500

       贷：应付利息   500

5. 借：销售费用   3 000

       贷：银行存款   3 000

6. 借：税金及附加   17 500

       贷：应交税费   17 500

7. 借：管理费用   800

       制造费用   500

       贷：银行存款   1 300

8. 借：管理费用   1 300

       制造费用   800

       贷：累计折旧   2 100

9. 借：应付账款 　　　　　　　　　　　　　　　　　　　5 000
　　　贷：应付票据 　　　　　　　　　　　　　　　　　　　　5 000
10. 借：主营业务成本 　　　　　　　　　　　　　　　　　132 000
　　　贷：库存商品 　　　　　　　　　　　　　　　　　　　132 000
11. 借：生产成本 　　　　　　　　　　　　　　　　　　　80 000
　　　　制造费用 　　　　　　　　　　　　　　　　　　　20 000
　　　　管理费用 　　　　　　　　　　　　　　　　　　　20 000
　　　　在建工程 　　　　　　　　　　　　　　　　　　　16 000
　　　贷：应付职工薪酬 　　　　　　　　　　　　　　　　　136 000
12. 借：主营业务收入 　　　　　　　　　　　　　　　　　350 000
　　　贷：本年利润 　　　　　　　　　　　　　　　　　　　350 000
13. 借：本年利润 　　　　　　　　　　　　　　　　　　　175 100
　　　贷：主营业务成本 　　　　　　　　　　　　　　　　　132 000
　　　　　税金及附加 　　　　　　　　　　　　　　　　　　　17 500
　　　　　管理费用 　　　　　　　　　　　　　　　　　　　22 100
　　　　　销售费用 　　　　　　　　　　　　　　　　　　　3 000
　　　　　财务费用 　　　　　　　　　　　　　　　　　　　500
14. 应交所得税 = (350 000 − 175 100) × 25% = 43 725
　　借：所得税费用 　　　　　　　　　　　　　　　　　　43 725
　　　贷：应交税费 　　　　　　　　　　　　　　　　　　　43 725
15. 借：本年利润 　　　　　　　　　　　　　　　　　　　43 725
　　　贷：所得税费用 　　　　　　　　　　　　　　　　　　43 725
16. 借：利润分配——提取法定盈余公积 　　　　　　　　　13 117.5
　　　贷：盈余公积 　　　　　　　　　　　　　　　　　　　13 117.5
17. 借：银行存款 　　　　　　　　　　　　　　　　　　　20 000
　　　贷：应收账款 　　　　　　　　　　　　　　　　　　　20 000